Christian Briem

Glücklich leben als Christ?

Christian Briem

Glücklich leben als Christ?

Eine Auslegung von 2. Petrus 1

CSV
Christliche Schriftenverbreitung
Postfach 10 01 53, 42490 Hückeswagen

Die Bibelstellen des Alten Testaments werden nach der im R. Brockhaus Verlag, Wuppertal, erschienenen „Elberfelder Übersetzung“ in nicht revidierter Fassung angeführt, die Stellen aus dem Neuen Testament nach der überarbeiteten Fassung der „Elberfelder Übersetzung“.

Umschlaggestaltung: E. Platte, Wuppertal
Gesamtherstellung: BrockhausDruck, Dillenburg
Printed in Germany
ISBN 3-89287-306-2

Inhalt

Einleitung

SOLLTE ES EINEN MENSCHEN geben, dem nichts daran liegt, glücklich zu sein? Kaum vorstellbar. Doch über den Weg zum wahren Glück haben die Menschen durchaus verschiedene Vorstellungen. Die Heilige Schrift aber kennt nur *einen* Weg: Christus.

Aus diesem Grund wäre die Frage, wie ein Kind Gottes glücklich leben kann, eigentlich rasch beantwortet. Der Gläubige hat *Christus* und damit alles, was ihn glücklich machen kann. Wozu dennoch weiter darüber reden?

Nun, der Genuss der Gemeinschaft mit Gott kann leicht gestört werden. Deswegen räumt das Wort Gottes unserer Frage einen weiten Raum ein. Von vielen Seiten wird sie beleuchtet, von unterschiedlichen Blickwinkeln aus gesehen. Das Ergebnis ist schließlich immer dasselbe: Ohne Christus gibt es kein Glück. Dieser Erkenntnis wird kaum ein wahrer Christ widersprechen wollen. Und doch – in der Praxis unseres Lebens beachten wir sie oft nicht. Das ist auch der Grund dafür, dass selbst erlöste Kinder Gottes nicht immer wirklich glücklich sind.

Unter den vielen Stellen des Neuen Testaments, die wir für unseren Gegenstand heranziehen könnten, kann ich mir kaum einen Abschnitt vorstellen, der uns in dieser Beziehung mehr zur Betrachtung einladen würde, als das erste Kapitel des zweiten Petrusbriefes. Vor allem die ersten elf Verse des Kapitels scheinen mir geeignet, darin Antworten auf die uns beschäftigende Frage zu finden. Dabei kommt uns ein Umstand besonders zu Hilfe: Petrus ist in dem, was er unter der Inspiration des Heiligen Geistes sagt, durchweg *praktisch*. Während andere Schreiber des Neuen Testaments die christliche Wahrheit im Einzelnen vorstellen, es zum Teil sogar recht abstrakt tun (wie Johannes), bleibt Petrus stets praktisch. Und die Frage der Verwirklichung unseres Glücks in Christus ist letztlich eine Sache der Praxis, nicht allein der Belehrung. Was nützt die höchste Lehre, wenn sie uns nicht zu einem gottesfürchtigen Verhalten führt? Deswegen spricht ein anderer Apostel, Paulus, von „der Lehre, *die nach der Gottseligkeit ist*" (1.Tim 6,3).

So wollen wir uns mit der Hilfe Gottes den einzelnen Versen des genannten Abschnitts zuwenden und sehen, was sie uns im Blick auf unsere Frage zu sagen haben. Wir werden vielleicht überrascht darüber sein, wie hinter oft schwierig klingenden Worten recht grundlegende praktische Hinweise verborgen sind.

Zwei Namen und zwei Titel

Zuerst stellt sich der Schreiber, der Gewohnheit seiner Tage folgend, seinen Lesern vor:

> *„Simon Petrus, Knecht und Apostel Jesu Christi …“*
> *(Vers 1).*

Im Gegensatz zu seinem ersten Brief, wo er sich einfach „Petrus, Apostel Jesu Christi“ nennt, stellt er hier seinem neuen Namen ›Petrus‹ den alten Namen ›Simon‹ voran. Als der Herr Jesus einmal Seine Jünger fragte, was die Menschen von Ihm, dem Sohn des Menschen, hielten, hatte Simon Petrus das hohe Bekenntnis abgelegt: „Du bist der Christus, der Sohn des lebendigen Gottes.“ Daraufhin hatte der Herr ihm einen neuen Namen gegeben: ›Petrus‹, das ist ›Stein‹ (Mt 16,18). War es nicht ein Ehrenname? Und doch liebte es Petrus, auch seinen alten Namen anzugeben. Er war sich dessen bewusst, dass er ein Gegenstand der göttlichen Barmherzigkeit geworden war. Die Barmherzigkeit Gottes hatte sich ihm zugewandt und aus einem ›Simon‹ einen ›Petrus‹, einen lebendigen Stein, gemacht.

Ist es nicht bezeichnend, dass der auferstandene Herr den Apostel Petrus am See von Tiberias in Seinen erforschenden Fragen dreimal mit „Simon" anredet und dazu noch seine menschliche Herkunft angibt: „Sohn Jonas" (Joh 21,15–17)? Ach, dieser Jünger hatte seinen Herrn dreimal verleugnet. Nur der alte ›Simon‹ war zu solch einer scheußlichen Tat fähig. Manche versteckte Hinweise in seinen Briefen zeigen, dass er sein Versagen nie vergessen hat, sich aber der vergebenden Barmherzigkeit Gottes sicher war.

Das ist auch von uns allen wahr, sofern wir eine neue Geburt erlebt haben. Wenn wir dabei auch nicht buchstäblich einen neuen Namen bekommen haben, so sind wir doch neue Menschen geworden und in neue *Beziehungen* gekommen. Und hier haben wir einen ersten Grund für unser Glücklichsein. Diese Beziehungen sind im Herrn begründet, und sie sind göttlich und von ewigem Bestand. Als aus Gott Geborene sind wir nicht nur mit der Quelle des Lebens verbunden, sondern auch untereinander. So sind wir fähig, Gott zu lieben und einander zu lieben. Aber das ist mehr das Thema von Johannes. Einst waren wir fern von Gott, Sünder. Jetzt sind wir Ihm als geliebte Kinder nahe gebracht. Dennoch bleibt die Frage an uns: Sind wir uns dieser neuen, in Gott geknüpften Beziehungen bewusst? Nur wenn das der Fall ist, sind wir darin auch glücklich.

Vielleicht ist unter meinen Lesern jemand, der nach Glück sucht, aber noch keinen ›neuen Namen‹ erhalten hat. Mach es doch, wie Petrus es einst tat, und lass dich von der Gnade Gottes überwältigen! Sie hatte ihn am Anfang seiner Bekanntschaft mit dem Herrn zu dem Bekenntnis geführt: „Geh von mir hinaus, denn ich bin ein sündiger Mensch, Herr“ (Lk 5,4–11). Wenn du Ihm dein Herz öffnest und Ihm all deine Sünden-Not sagst, wird Er dir Frieden mit Gott schenken und auch dich in Beziehungen zu Sich und zu den Kindern Gottes bringen, wie sie köstlicher nicht sein können. Das ist der erste Schritt zu wahrem Glück. Ungezählte haben ihn im Glauben getan und nie bereut.

Der Schreiber unseres Briefes bekleidete darüber hinaus ein Amt, das wir nie mit ihm teilen können: Er war ein *Apostel* Jesu Christi. Er gehört zu denen, die den Herrn Jesus gesehen haben und Zeugen Seiner Auferstehung geworden sind (Apg 1,21.22; 1. Kor 9,1). Diese Gruppe von Männern hat Gott benutzt, um die Grundlage des Christentums zu legen (Eph 2,20). Später in seinem Brief verweist auch Petrus auf sie und nennt sie ›eure Apostel‹ (Kap. 3,2).

Doch ist es nicht bezeichnend, dass Petrus dem Titel ›Apostel‹ erneut einen anderen Titel voransetzt, den Ausdruck ›Knecht‹ oder ›Sklave‹? Wie Paulus, Judas und Johannes rühmt auch er sich dessen, ein *Knecht* Jesu Christi zu sein. Er erachtete es als ein Vorrecht, in Gehorsam und Unterwürfigkeit seinem

Herrn und Meister zu dienen. Was Johannes angeht, so verschweigt er im Allgemeinen in seinen Schriften seinen Namen. Nur im letzten Buch der Bibel, der ›Offenbarung Jesu Christi‹, gibt er sich direkt als ›seinen *Knecht* Johannes‹ zu erkennen (Off 1,1).

Hatte nicht der Heiland selbst in unnachahmlicher Weise gezeigt, was und wer der wahre ›Knecht Jehovas‹ ist (Jes 42,1–4; Mt 12,18–21)? Er war in Knechtsgestalt auf diese Erde gekommen, nicht um bedient zu werden, sondern um zu dienen und Sein Leben zu geben als Lösegeld für viele (Phil 2,7*ff*; Mt 20,28). Ist uns schon einmal bewusst geworden, dass der Herr Jesus durch Sein Sterben am Kreuz uns den größten *Dienst* erwiesen hat, den wir uns denken können? Aber auch heute dient Er uns, wäscht uns die Füße und verwendet sich für uns, ist unser Sachwalter (Joh 13; Röm 8,34; Heb 7,25; 9,24; 1. Joh 2,1). Jeder dieser Dienste ist von unschätzbarem Wert. Ohne sie würden wir die „Wüstenreise“ nicht überstehen. Und was sollen wir dazu sagen, dass Er auch in der Herrlichkeit des Himmels „hinzutreten und sie bedienen“ wird (Lk 12,37)? Durch diesen Dienst wird Er uns befähigen, die Herrlichkeiten des Vaterhauses zu genießen. Unendliche Gnade! Und hat Er einmal in Seinem Reich alles in Übereinstimmung gebracht mit Seinem Vater, dann wird der Sohn das Reich dem Gott und Vater *übergeben* (es wird nicht von Ihm *ge-*

nommen werden) und wird für alle Ewigkeit selbst Dem unterworfen sein, der Ihm alles unterworfen hat (1. Kor 15,24–28).

Sollte es uns schwer fallen, solch einem Herrn zu dienen? Und liegt hierin nicht auch ein Teil unseres Glückes verborgen? Gewiss ist es nicht der Dienst an sich, der glücklich macht, sondern vielmehr Der, *dem* wir dienen. Dennoch gibt es für uns kaum ein größeres Vorrecht, als Ihm schon hier auf der Erde in Hingabe des Herzens zu dienen. In göttlicher Sicht gibt sich wahre „Größe" darin zu erkennen, dass man wahrer „Diener" ist (Lk 22,27).

Ein kostbarer Glaube

Obwohl Petrus sich mit seinem zweiten Brief an dieselben Empfänger richtet wie mit dem ersten, redet er sie hier anders an. Im ersten Brief sieht er die Gläubigen, die aus dem jüdischen Volk kamen, als „Fremdlinge von der Zerstreuung". Tatsächlich waren sie in zweifacher Hinsicht Fremdlinge. Einerseits waren die als zerstreut unter den Nationen lebenden Juden Fremdlinge; und andererseits waren sie auch dadurch, dass sie an den Herrn Jesus geglaubt hatten, im Blick auf ihr eigenes Volk, das Ihn ablehnte, zu Fremdlingen geworden. So brauchten sie Tröstung und Stärkung auf dem Weg durch die Fremde. Petrus gibt sie ihnen (und uns) mit seinem ersten Brief.

Aber nun sieht der Apostel eine andere Aufgabe vor sich. Er weiß, dass das Ablegen seiner Hütte bald geschehen wird. Um seinen ihm vom Herrn anvertrauten Auftrag „Stärke deine Brüder" zu vollenden, schreibt er diesen zweiten und letzten Brief an sie. Er will sie noch einmal an wichtige Dinge erinnern (Kap. 1,12), will sie befähigen, sie sich ins Gedächtnis zu rufen (Vers 15), und er will ihre lautere Gesinnung durch Erinnerung aufwecken (Kap. 3,1). Und so wählt er eine Anrede, die diesem Ziel angemessen ist, und sagt:

„… denen, die einen gleich kostbaren Glauben mit uns empfangen haben durch die Gerechtigkeit unseres Gottes und Heilandes Jesus Christus“ (Vers 1).

Köstliche Beschreibung eines Christen! Die Empfänger seines Briefes waren solche, die mit ihnen, den Aposteln und den in Jerusalem wohnenden Gläubigen, einen gleich kostbaren Glauben empfangen hatten. Petrus liebt das Wort ›kostbar‹. Er spricht in seinem ersten Brief von dem kostbaren Blut Christi (Kap. 1,19), von dem kostbaren Stein (Kap. 2,4.6) und davon, dass uns, den Glaubenden, die Kostbarkeit Christi zugänglich gemacht worden ist (Vers 7). Und hier im zweiten Brief nennt er den Glauben kostbar und einige Verse weiter die Verheißungen (Vers 4). Wenn Gottes Wort, das mit schmückenden Beifügungen eher sparsam umgeht, etwas als *kostbar* bezeichnet, dann ist es das auch.

Was haben wir nun unter dem *kostbaren Glauben* zu verstehen? Offenbar redet Petrus von dem christlichen Glauben im Gegensatz zum Judentum – von dem christlichen Glaubensgut also. Es geht hier, wie auch in Judas 3 und 20, um das, *was* geglaubt wird. Gott hat sich in Seinem Sohn Jesus Christus – wir können auch sagen: im Christentum – vollkommen offenbart. In diesen Glaubensbereich waren die jüdischen Gläubigen „durch die Gerechtigkeit Gottes“ gelangt.

Ehe wir uns näher mit dieser interessanten Ausdrucksweise befassen, möchte ich bemerken, dass die christliche Wahrheit nur im Glauben an den Herrn Jesus erfasst werden kann, wie Er es einst Seinen Jüngern gesagt hat: „Ihr glaubt an Gott, glaubt auch an mich!" (Joh 14,1). Sie sollten Ihn nicht leiblich besitzen, sondern im Glauben. Auf diese Weise sollten sie sich Seiner und alles dessen erfreuen, was mit Ihm verbunden ist. Und das ist charakteristisch für die ganze Epoche der Gnade. Wir besitzen alles durch den Glauben an Ihn – jede christliche Wahrheit, jede geistliche Segnung. Er ist ihr Mittelpunkt, Er ist der Inhalt des Glaubens. Deswegen ist dieser Glaube auch gleich kostbar, ob nun ein Apostel ihn geschenkt bekam oder ein einfacher Christ. Eine andere Frage ist es allerdings, ob uns das christliche Glaubensgut auch persönlich kostbar ist. Genießen wir es? Sind wir bereit, dafür einzutreten, wenn es in Frage gestellt wird?

Und noch eins ist wichtig: Man kann den Glauben (als Glaubensgut) nicht von dem persönlichen Glauben (als einer sittlichen Tugend) trennen. Wir unterscheiden wohl diese beiden Seiten des Glaubens, aber sie gehören zusammen. Wenn es nichts zu glauben gibt, nützt der persönliche Glaube nichts; und wenn der persönliche Glaube nicht tätig ist, können die Dinge des Glaubens nicht erfasst werden. So bedingt eins das andere.

Den aus den Juden kommenden Gläubigen war der kostbare Glaube des Christentums „durch die Gerechtigkeit unseres Gottes und Heilandes Jesus Christus" zuteil geworden. Die bemerkenswerte Reihenfolge hier ist: durch die Gerechtigkeit Gottes zum Glauben. In Römer 3 haben wir eine umgekehrte Reihenfolge: durch Glauben zur Gerechtigkeit Gottes (Verse 22–26). Daraus ersehen wir, dass in 2. Petrus 1 nicht von der Erlösung, nicht von Rechtfertigung gesprochen wird. Der Ausdruck ›Gerechtigkeit Gottes‹ ist hier mehr im Sinn von ›Treue Gottes‹ zu verstehen. Es war die Treue Gottes gegenüber Seinen den Vätern gegebenen Verheißungen, die es dem Überrest aus dem Volk Israel gewährte, in die Segnungen des Christentums einzutreten.

Israel ist das einzige Volk auf der Erde, in dem Gott zu jeder Zeit seines Bestehens einen gläubigen Überrest, einen „Überrest nach Auswahl der Gnade" findet (Röm 11,5). Auch während der Zeit der Gnade ist das so, nur ist dieser Überrest heute in der Versammlung Gottes aufgegangen. In diesem Sinn wurden die gläubigen Juden zu Anfang der christlichen Zeit „hinzugetan" (Apg 2,41.47).

Aber in dem uns beschäftigenden Ausdruck ist noch eine Besonderheit, die ich nicht unerwähnt lassen möchte. Im griechischen Text unserer Stelle steht vor ›Gott‹ und ›Heiland Jesus Christus‹ *ein* gemeinsamer Artikel. Das bedeutet, dass ›Gott‹ und der ›Heiland Jesus Christus‹ in den Augen des Verfassers zu *einem* Gegenstand der Betrachtung zusammengefasst werden. Nicht, dass es sich bei den beiden Namen um dieselben Personen handeln muss. Das sagt diese Konstruktion mit einem gemeinsamen Artikel nicht aus.

Dennoch wäre solch eine zusammenfassende Ausdrucksweise unmöglich, wenn Christus nicht Gott wäre. Ähnliche Ausdrücke finden sich ebenfalls in 2.Thes 1, Vers 12, und Tit 2, Vers 13.

Vielleicht sagt jemand: „Ich brauche solche Beweise der Gottheit meines Herrn nicht. Ich glaube es ohnehin.“ Richtig. Nur, wenn wir bedenken, dass der eigentliche Verfasser auch unseres Schriftwortes Gott, der Heilige Geist, ist, dann lässt es uns nicht unberührt, wenn Er Seine Worte in dieser Form wählt. Wir werden noch viel von der Erkenntnis Gottes und Jesu, unseres Herrn, hören, schon im nächsten Vers. Umso wichtiger ist es, dass wir von vornherein daran erinnert werden, mit welch einer Person wir es bei unserem Herrn Jesus zu tun haben: Er ist Gott, geradeso wie der Vater und der Heilige Geist es ist. Damit berühren wir einen Punkt, der letztlich unser tiefstes Glück ausmacht. Doch davon später mehr.

Wahre christliche Erkenntnis

Nachdem der Schreiber sich selbst vorgestellt und die Empfänger des Briefes auf so wunderbare Weise angeredet und charakterisiert hat, folgt der Segensgruß des Apostels:

> *„Gnade und Friede sei euch vermehrt in der Erkenntnis Gottes und Jesu, unseres Herrn“* (2. Pet 1,2).

Wenn wir fragen, wie wir als Christen glücklich leben können, so finden wir hier eine weitere Antwort: dadurch, dass wir in der Gnade und dem Frieden Gottes leben. *Gnade* ist Liebe, die wir nicht verdient haben. Sie bildet die Quelle, den Ursprung des Handelns Gottes mit uns. *Friede* ist der Ausfluss, das Ergebnis davon. Beides, Gnade sowohl als auch Friede, können in einer zweifachen Weise erfahren werden: in einer grundsätzlichen und in einer mehr praktischen Weise. In der einen sind sie mit dem Gewissen verbunden, in der anderen mit dem Herzen oder der Seele.

Als wir uns in unseren Sünden in Buße und Glauben zu Gott wandten, errettete Er uns durch die Gnade, mittels des Glaubens (Eph 2,8). Und da wir nun gerechtfertigt worden sind aus Glauben, haben wir

Frieden mit Gott durch unseren Herrn Jesus Christus (Röm 5,1). Es ist der Friede des *Gewissens,* das glückliche Bewusstsein davon, dass die Frage unserer Sünde und Schuld vor Gott vollkommen geordnet ist. Dass wir Frieden mit Gott haben, ist heute nicht weniger wahr, als es in der Herrlichkeit des Himmels wahr sein wird. Es ist eine feststehende, unerschütterliche Tatsache.

Aber neben dieser grundsätzlichen Seite gibt es die mehr praktische. Sie hat mit unserem Wandel zu tun, und von ihr ist in dem Segensgruß die Rede. In diesem praktischen Sinn brauchen wir täglich neue Gnade, bedürfen wir oft der Wiedererlangung oder Befestigung des Friedens des *Herzens*. Auf unserem Weg durch diese Welt gibt es viel Widriges (von Sünde ganz zu schweigen), und ohne eine erneute Inanspruchnahme der Gnade Gottes können wir uns darin nicht den Frieden des Herzens bewahren.

Deswegen wird hier von einer *Vermehrung* von Gnade und Friede gesprochen: „Gnade und Friede sei euch *vermehrt.*" Gott möchte, dass wir uns vermehrt auf Seine Gnade stützen, dass wir sie vermehrt gebrauchen, dass wir uns mehr bewusst werden, wie sehr wir von Seiner Gnade abhängig sind. Der Strom Seiner Gnade ist zwar stets „voll Wassers" (Ps 65,9), aber wir lassen ihn oft ungenützt an uns vorüberfließen. So nötigt Gott uns zuweilen durch die Umstände, uns wieder mehr auf Seine Gnade zu verlassen. Er weiß, dass wir nur auf diese Weise den kostbaren Frieden genießen können – diese durch nichts zu ersetzende Übereinstimmung des Herzens mit Ihm und Seinen Gedanken. Dann wird auch der Friede tief „wie ein Strom" (Jes 48,18), weil er auf der Gnade Gottes ruht und auf nichts sonst.

Empfinden wir nicht alle, dass wir gerade in unseren Tagen des Unfriedens, der Zerrissenheit und der Auflösung diesen Frieden nötig haben? Deswegen kommt dieser Segenswunsch wie Balsam in unser Herz.

Außer hier und im ersten Petrusbrief wird nur noch im Brief des Judas der Ausdruck „sei euch *vermehrt*" benutzt (1. Pet 1,2; Jud 2). Das ist sicher nicht von ungefähr. Petrus schrieb seinen ersten Brief an leidende Kinder Gottes. Wie sehr haben gerade sie nötig, vermehrt auf Gott zu rechnen und Seine Gnade in Anspruch zu nehmen! Aber der zweite Brief des Petrus und der Judas-Brief blicken voraus auf die letzten Tage, auf das Ende des Zeitalters mit dem vorhergesagten Abfall, und auch für diese Tage verheißt Gott die Vermehrung von Gnade und Friede. Ist das nicht geeignet, uns Trost zu verleihen?

Aber dann folgt ein bemerkenswerter Zusatz, der nur dem zweiten Brief des Petrus eigen ist:

„... in der Erkenntnis Gottes und Jesu, unseres Herrn“ (Vers 2).

Gott kann uns Seine Gnade und Seinen Frieden nur auf *eine* bestimmte Weise vermehren: in einer echten Herzensvertrautheit mit Ihm und Seinem Sohn, unserem Herrn. Das übersehen wir leicht. Nicht selten bewegen wir uns in einigem Abstand von Ihm, oder wir geben uns mit einer kopfmäßigen Erkenntnis Gottes und Christi zufrieden. Davon lesen wir in Kapitel 2, Verse 20–22.

Das alles sind keine Voraussetzungen für Frucht. Nur wenn wir mit Gott unseren Weg gehen, wird Er sich uns offenbaren. Der Herr Jesus sprach davon in Seinen Abschiedsreden: „Wer meine Gebote hat und sie hält, der ist es, der mich liebt; wer aber mich liebt, wird von meinem Vater geliebt werden; und ich werde ihn lieben und mich selbst ihm offenbaren“ (Joh 14,21). Lieben wir wirklich den Herrn Jesus, sehnen wir uns danach, dass Er sich uns mehr zu erkennen gibt? Dann lasst uns Ihm gehorsam sein, und Er wird Sein Wort einlösen. So werden wir mehr und mehr mit Seiner gesegneten Person vertraut, und Gnade und Friede fließen wie von selbst hervor. Was könnte uns – schon in dieser Zeit – mehr beglücken?

Die Erkenntnis Gottes und Jesu, unseres Herrn, nimmt in diesem zweiten Brief des Petrus einen zentralen Platz ein. Viermal benutzt er bei deren Erwähnung das Wort für ›volle Erkenntnis‹: *›epignosis‹* (Kap. 1,2.3.8; 2,20). Tatsächlich ist die Erkenntnis des Herrn der Angelpunkt für unseren Glauben. Ohne sie ist unser Glaubensleben, ist der ganze Glaube leer. Deswegen ist es für uns so wichtig, in der Gnade und Erkenntnis unseres Herrn und Heilandes Jesus Christus zu wachsen (Kap. 3,18), ist *Er* doch das Bild des unsichtbaren Gottes. In dem Sohn offenbart sich der Vater, und das in der Kraft des Heiligen Geistes. „An jenem Tag werdet ihr erkennen, dass ich in meinem Vater bin und ihr in mir und ich in euch", hat der Herr Jesus gesagt (Joh 14,20). Dieser ›Tag‹ ist heute. Wir haben das unendliche Vorrecht, Gott in der vollen Offenbarung, die Er von Sich in Seinem Sohn gegeben hat, zu erkennen. Das ist wahrhaft **christliche Erkenntnis**.

In den Tagen des Alten Testaments hatte Gott sich nur bruchstückhaft offenbart, Er wohnte gewissermaßen „im Dunkeln" (1. Kön 8,12); und es war für die Gläubigen aus den Juden, an die Petrus schrieb, wichtig, dies zu erkennen. Zu fest waren sie in den väterlichen Überlieferungen verwurzelt, als dass nicht die Gefahr bestanden hätte, das helle Licht des Evangeliums darüber zu vernachlässigen. Denn so gesegnet die vergleichsweise undeutlichen Offenbarungen Gottes in den früheren Zeiten auch waren, der volle

„Lichtglanz der Erkenntnis der Herrlichkeit Gottes“ ist nur „im Angesicht Jesu Christi“ zu erblicken (2. Kor 4, 6). Erst der Herr Jesus hat uns die volle Erkenntnis Gottes, Seines Vaters, gebracht, und zwar nach dem Maß dessen, wie *Er* Ihn kennt. Dieses Kundmachen Gottes, Seines Vaters, geschah in den Tagen Seines Erdenlebens und auch nach Seiner Auferstehung, so dass Er sagen konnte: „Wer mich gesehen hat, hat den Vater gesehen“ (Joh 14, 9; vgl. auch Kap. 1, 18). In seinem ersten Brief drückt Johannes dieselbe Wahrheit so aus: „Wir wissen aber, dass der Sohn Gottes gekommen ist und uns Verständnis gegeben hat, damit wir den Wahrhaftigen erkennen“ (1. Joh 5, 20).

Den Wahrhaftigen erkennen – wunderbare Gnade! Ist es nicht seltsam, ja, beschämend, dass wir für das Kostbarste, das es gibt, oft so wenig Interesse zeigen? Wenn wir Gott erkennen, erkennen wir auch, was in Seinem Herzen für uns ist. Und mit diesem Wissen ist sittliche Kraft für einen Wandel in Gottseligkeit verbunden, wie wir sogleich sehen werden.

Doch bevor wir diesen Gedanken weiterverfolgen, sei noch ein anderer Hinweis gegeben: In Vers 1 wird vom Herrn Jesus als *Heiland* gesprochen, in Vers 2 wird Er als *Herr* vorgestellt. Das ist der Weg, den Gott uns stets führt, und diese Reihenfolge entspricht auch unserer Erfahrung. Wir haben Christus zuerst als *Heiland* kennen gelernt. Ohne diese Erfahrung wären wir noch in unseren Sünden, ja, wären wir ewig verloren. Aber so grundlegend diese Erfahrung oder Erkenntnis auch ist, Gott möchte nicht, dass wir dabei stehen bleiben. Es ist Seine Absicht, uns weiterzuführen zur Erkenntnis des *Herrn* – Dessen, der alle Anrechte über uns hat.

Göttliche Kraft

In Vers 2 sprach der Apostel von der Erkenntnis Gottes und Jesu, unseres Herrn. Im nächsten Vers lernen wir nun, dass mit dieser Erkenntnis etwas Wesentliches verbunden ist: göttliche Kraft.

> *„Da seine göttliche Kraft uns alles zum Leben und zur Gottseligkeit geschenkt hat durch die Erkenntnis dessen, der uns berufen hat durch Herrlichkeit und Tugend“ (Vers 3).*

Es ist bemerkenswert, wie der Heilige Geist uns zuerst in Vers 3 die *göttliche Kraft* und dann in Vers 4 die *göttliche Natur* vorstellt. Damit sind erhabene Gedanken verbunden.

Doch blicken wir zunächst nach Vers 3. Hier sind wir, die Kinder Gottes, die Gegenstände der göttlichen Kraft, des Wirkens Gottes in Macht. Gott hat ein Ziel mit uns, und um dieses Ziel zu erreichen, hat Er an uns gewirkt und wirkt Er an uns in göttlicher Kraft. In diesem Vers wird nun beides beschrieben, die Art der *Wirksamkeit* und das zu erreichende *Ziel*.

Das Wirken Gottes

Was die Art des Wirkens Gottes angeht: Er hat uns *alles* zum Leben und zur Gottseligkeit geschenkt. Das ist also die Art und Weise, in der die göttliche Kraft im Blick auf uns gewirkt hat: Sie hat uns alles geschenkt. Wollen wir dagegen das Ziel verstehen, das Gott damit verfolgt, so müssen wir den Satz anders betonen: Er hat uns alles *zum Leben und zur Gottseligkeit* geschenkt. Und so wird das Ziel der Wirksamkeit Gottes an uns deutlich: Leben und Gottseligkeit.

Wenn wir bedenken, was Gott getan hat, so können wir nur in Anbetung stehen bleiben. Denn welch ein Bündel von Segnungen finden wir hier! Da gibt es nichts, was Gott uns nicht geschenkt hätte von dem, was zum Leben und zur Gottseligkeit nötig ist. Nach Epheser 1, Vers 3, gehören uns in Christus alle geistlichen Segnungen in den himmlischen Örtern. Das ist grundsätzlich dieselbe Wahrheit, wie wir sie hier haben, nur zeigt Petrus deren sittliche Seite: Nur das, was ich im Glauben von Ihm nehme, ist mein.

Tatsächlich schließt der Ausdruck ›seine göttliche Kraft‹ auch den Gedanken ein, wie wir allein die Segnungen erlangen können: Gottes *Macht* ist dazu notwendig. Es ist dasselbe Wort (*dynamis*) wie in 1. Petrus 1, Vers 5: „die ihr durch Gottes *Macht* durch Glauben bewahrt werdet zur Errettung.“ Gottes Macht wirkt, aber sie wirkt durch den Glauben. Oder anders ausgedrückt: Gottes Macht wirkt nicht einfach außerhalb von uns und tut etwas Gewaltiges, ohne uns irgendwie daran zu beteiligen. Nein, sie wirkt vielmehr dadurch, dass sie unseren Glauben stärkt – in 1. Petrus 1 dazu, dass wir bewahrt werden, in 2. Petrus 1 dazu, dass wir alles Geschenkte praktisch ergreifen. Es ist schon recht belehrend, dass Gottes Macht notwendig ist, um uns in den Besitz dessen zu bringen, was dann in uns Leben und Gottseligkeit zum Ergebnis hat.

Das Ziel Gottes

Damit sind wir bereits bei dem Ziel, das Gott mit uns im Auge hat: Leben und Gottseligkeit. Offenbar ist mit **Leben** das ewige Leben gemeint. Es ist das Vorrecht Gottes, tote Seelen lebendig zu machen. Der Vater gibt in Gemeinschaft mit dem Sohn Leben, geistliches, ewiges Leben (Joh 5,26; Röm 6,23). Doch scheint es, dass das ewige Leben, das wir durch den Glauben an den Herrn Jesus besitzen (Joh 3,16; 1. Joh 5,13), hier ebenfalls mehr in seiner praktischen, sittlichen Seite gesehen wird. Petrus geht selten, wenn überhaupt jemals, über die sittlichen Ergebnisse hinaus. So ist es auch hier. Er spricht nicht direkt von der Mitteilung des neuen Lebens, sondern davon, dass Gott alles zugunsten dieses Lebens in uns getan hat und tut, damit es sich mehr und mehr entfalte. Das ewige Leben ist ein Leben, das sich an Gott freut und das Gott entspricht. Und noch einmal, es kommt von Gott, aber es ist nie mit etwas anderem beschäftigt als mit Gott und Seinen Gedanken.

Müssen wir uns nicht, wenn wir das bedenken, mehr oder weniger darüber schämen, wie wenig Gott Sein Ziel mit uns erreichen konnte? Und sehen wir jetzt nicht auch klarer, weshalb göttliche Macht notwendig ist, um die tausend Widerstände zur Auswirkung des ewigen Lebens in uns zu überwinden? Sie hat uns in der Tat alles zum Leben Gehörende geschenkt; ja, wir besitzen das ewige Leben selbst. Aber die göttliche Kraft wird in diesem Leben erst dadurch für uns anwendbar oder wirksam, dass wir im Glauben erfassen, was Gott für uns ist und was Er für uns getan hat.

Neben dem Leben wird **Gottseligkeit** genannt. In den ersten vier Versen unseres Briefes haben wir im ganzen vier Begriffspaare, und es scheint, als wenn bei den paarweise genannten Begriffen jeweils die zweite Sache aus der ersten hervorfließt. In Vers 2 waren es „Gnade und Friede“, in Vers 3 haben wir zwei Paare: „Leben und Gottseligkeit“ und dann „Herrlichkeit und Tugend"; und in Vers 4 wird uns das letzte Paar gezeigt in solchen, die einerseits „Teilhaber der göttlichen Natur" geworden und andererseits „dem Verderben entflohen" sind.

›Gottseligkeit‹ beschreibt einen Charakter, der Gott entspricht; sie bedeutet eine sittliche Gleichheit mit Ihm. Es ist das Ziel Gottes, diese praktische Frömmigkeit, diese wahre Gottesfurcht in uns hervorzurufen. Und auch hier gilt das, was wir bereits bei dem ›Leben‹ gesagt haben: Die göttliche Kraft hat uns zwar alles, was zur Gottseligkeit gehört oder was dazu führt, geschenkt. Aber es wird erst verwirklicht durch die *Erkenntnis* Dessen, „der uns berufen hat durch Herrlichkeit und Tugend".

Die göttliche Berufung

Wir sprachen eben davon, dass das sittliche Ziel Gottes für uns dadurch erreicht wird, dass wir im Glauben erfassen, was Er für uns ist. Die Erkenntnis Gottes, das sehen wir hier erneut, ist der Stützpunkt für unseren Glauben. Wir hatten das schon in Vers 2 gefunden. In dieser gesegneten Erkenntnis liegt Kraft für die Seele. In dem Maß, wie wir uns an Gott erfreuen und an dem, was Er für uns ist, empfangen wir Kraft, das Ihm Wohlgefällige zu tun. Es gibt keinen anderen Weg dorthin, Geliebte. Wir mögen alles Mögliche versuchen und manche Anstrengung unternehmen, um ein gottseliges Leben zu führen und gegen das Böse in uns und um uns anzugehen. Doch die Kraft dazu finden wir nur „durch die Erkenntnis dessen, der uns berufen hat durch Herrlichkeit und Tugend".

Recht bemerkenswert ist die Ausdrucksweise, in der Gott hier beschrieben wird: Er ist, so die wörtliche Wiedergabe, der „uns Berufen-Habende". Wie groß ist es, dass es da Jemand gibt, der ein Interesse an uns hatte und uns deswegen **berufen** hat. Aber warum mussten wir berufen werden? Wenn wir das einmal mit dem ersten Menschen vergleichen, dann wird uns diese Gnade umso deutlicher.

Als Adam in Unschuld im Garten Eden war, empfing er keinen Ruf Gottes. Wohl besuchte Gott ihn, aber Er berief ihn nicht. Wozu auch? Er war genau an dem Platz, an den Gott ihn gestellt hatte. Dort hätte er einfach bleiben sollen, auch dann, als jemand anders ihn rief – die Schlange. Seitdem er jedoch ihren Einflüsterungen Gehör schenkte, ist der Mensch außerhalb des Paradieses Gottes – in Sünde. Erschreckender Zustand!

Ist uns schon einmal bewusst geworden, dass die Errettung daraus nur durch die Berufung Gottes erfolgen kann? Tatsächlich besteht hierin das ganze

Prinzip des Christentums: Durch die Berufung Gottes wird der Gläubige aus alledem herausgenommen, worin er natürlicherweise ist, und wird in eine neue Stellung gebracht. Es ist die Herrlichkeit Gottes selbst, zu der wir berufen worden sind (1. Thes 2,12; 1. Pet 5,10).

Können wir die Tragweite dieser Berufung auch nur annähernd ermessen? Gewiss nicht. Aber sollten wir nicht wenigstens öfter stehen bleiben, um uns daran zu erinnern, dass unsere Berufung „nach oben", dass es eine „himmlische" Berufung ist (Phil 3,14; Heb 3,1)? Ganz gewiss. Und trotzdem gibt es kaum etwas, was wir leichter zu vergessen geneigt sind als unsere Berufung. Unsere Gaben und Segnungen vergessen wir nicht so schnell wie gerade unsere Berufung. Wie kommt das? Weil wir oft sehr irdisch gesinnt sind und der Widersacher ein diabolisches Interesse daran hat, dass dies so bleibt. Doch Gott lässt uns nicht aus dem Auge, und Er lenkt unseren Blick nach oben zu Christus in der Herrlichkeit. Deswegen heißt es hier: „der euch berufen hat durch Herrlichkeit und Tugend".

Wieder sind es zwei Stücke, die der Heilige Geist nebeneinander stellt: „Herrlichkeit und Tugend", und wieder geht das zweite aus dem ersten hervor. *Herrlichkeit* ist das Ziel außerhalb dieser Welt, und *Tugend* (oder geistlicher Mut, geistliche Entschiedenheit) ist auf dem Weg dorthin nötig, um dieses Ziel zu erreichen. Wir sollten es uns mehr bewusst machen, dass unser Heiland bereits am Ziel ist und dass wir mit Ihm eine Stellung der Herrlichkeit einnehmen werden. Wenn dies vor unserem Auge steht, wird es uns auch nicht an der geistlichen Energie und Entschiedenheit fehlen, um dem himmlischen Ziel zuzustreben. Die göttliche Kraft hat uns alles dazu Notwendige geschenkt.

Wenn in der Heiligen Schrift im Blick auf *Gott* von **Tugend** die Rede ist, wie in 1. Petrus 2, Vers 9, dann ist damit die Vortrefflichkeit Seines Wesens gemeint. Im Blick auf den *Menschen* bedeutet ›Tugend‹ jedoch sittlichen Mut, geistliche Entschiedenheit. Nun, Petrus legt großen Wert auf das Vorhandensein dieses Charakterzuges in den Gläubigen. Er weiß, dass ohne ›Tugend‹ das Leben des Christen weitgehend ohne Frucht für Gott und ohne Freude für ihn selbst bleibt. In Vers 5 wird ›Tugend‹ noch einmal erwähnt, und dort gehört sie zu den grundlegenden Stücken, aus denen sich die anderen Züge geistlichen Lebens entwickeln.

Ja, wir haben geistliche Entschiedenheit nötig, um der Macht des Fleisches in uns und der Macht der Welt um uns zu widerstehen. Wir finden dafür ein schönes Beispiel in Mose, der durch Glauben *sich weigerte,* ein Sohn der Tochter Pharaos zu heißen, und lieber *wählte,* mit dem Volk Gottes Ungemach zu leiden, als den zeitlichen Genuss der Sünde zu haben (Heb 11,24.25). Mose wollte diese Welt und ihre Freude nicht. Er sagte „Nein" zu den Verlockungen durch Fleisch und Welt und stellte sich auf die Seite jener verachteten Sklaven, die nichtsdestoweniger das „Volk Gottes" waren. Ja, es ist Tugend nötig, geistliche Entschiedenheit, so zu handeln. Mose besaß sie, und so schlug er das aus, wonach er sich seiner menschlichen Natur nach ausgestreckt hätte: den Palast, den Thron, die Krone Ägyptens. Er wählte stattdessen etwas, was der natürliche Mensch niemals begehrt hätte: in Gemeinschaft mit solchen zu sein, die zum Ziegelbrennen gerade gut genug waren. Doch Mose sah in diesen Menschen das Volk Gottes. Das machte den ganzen Unterschied aus.

Brauchen nicht auch wir in unseren Tagen diese geistliche Energie, um uns der Welt in ihren tausendfachen Formen zu verschließen? Und sind wir bereit, uns mit der kleinen Schar derer eins zu machen, die heute das „Volk Gottes" sind?

Leider geben wir den Versuchungen zu oft nach, weil uns die ›Tugend‹ fehlt; und das Ergebnis ist, dass wir oft fallen. Wenn wir diese geistliche Entschiedenheit in unserem Herzen nicht lebendig erhalten, gleiten wir früher oder später in jene Dinge zurück, die wir einst aufgegeben haben. Machen wir jedoch die

Herrlichkeit, in der unser Heiland schon ist, zu unserem Gegenstand, so entfaltet sich in uns auf dem Weg dorthin geistlicher Mut, sittliche Kraft.

Teilhaber der göttlichen Natur

Gott hat uns durch Herrlichkeit und Tugend berufen. In Verbindung damit ist uns noch etwas Großes geschenkt worden, wie uns der nächste Vers zeigt:

> *„durch die er uns die größten und kostbaren Verheißungen geschenkt hat, damit ihr durch diese Teilhaber der göttlichen Natur werdet“ (2. Pet 1,4).*

Der Ausdruck ›durch die‹ steht im Griechischen in der Mehrzahl. Der Schreiber knüpft daher an die Begriffe ›Herrlichkeit und Tugend‹ an und sagt gleichsam: Gott hat uns in Verbindung mit ›Herrlichkeit‹ und mit ›Tugend‹ die größten und kostbaren Verheißungen geschenkt. Die Verheißungen selbst stellt er hier zwar nicht vor, aber er sagt doch, dass sie sehr groß und kostbar sind. Später in seinem Brief spricht er allerdings von der Verheißung der Ankunft des Herrn und von der Verheißung über neue Himmel und eine neue Erde (Kap. 3,4.13), doch scheint die Bedeutung hier allgemeiner, umfassender zu sein. In jedem Fall stehen diese Verheißungen im Gegensatz zu den irdischen Verheißungen und Hoffnungen des Volkes Israel, wie uns beispielsweise 1. Petrus 1, Verse 3–5, zeigt. Das zu beachten war besonders für die aus diesem

Volk kommenden Heiligen wichtig. Aber wenn hier die uns in Christus geschenkten Verheißungen mit *Herrlichkeit* und *Tugend* in Verbindung gebracht werden, dann wohl deshalb, weil sie sich einerseits in der Herrlichkeit erfüllen werden, aber andererseits ihre Kraft schon jetzt auf dem Weg dorthin entfalten.

Das ist etwas sehr Beglückendes. Die eigentlichen Segnungen des Christen liegen jenseits dieser Erde – unantastbar, unverlierbar. In der Herrlichkeit werden sie ihre volle Erfüllung finden. Doch das Wissen darum bewirkt in uns – wenn ›Tugend‹ bei uns vorhanden ist – sittliche Kraft. Gewiss, wir sind erst noch auf dem Weg dorthin, aber die Herrlichkeit wirft bereits ihr Licht auf unseren Weg. Gott ist mit den größten und kostbaren Verheißungen auf der Seite derer, die geistliche Entschiedenheit zeigen. Durch diese Verheißungen gestärkt und ermuntert, werden wir zu „Teilhabern der göttlichen Natur".

Spätestens an dieser Stelle werden wir wohl gewahr, dass mit diesem Ausdruck etwas anderes gemeint ist, als wir ihn gewöhnlich gebrauchen. Wenn wir von der ›göttlichen Natur in uns‹ reden, dann meinen wir damit das göttliche Leben, das wir in der neuen Geburt empfangen haben. Nun ist es unumstritten, dass wir bei unserer Bekehrung das neue, göttliche Leben geschenkt bekommen haben und in diesem Sinn Teilhaber der göttlichen Natur geworden sind. Denn: „Jeder, der da glaubt, dass Jesus der Christus ist, ist *aus Gott geboren*" (1. Joh 5,1). Aber das ist offensichtlich nicht das, wovon Petrus hier redet. Andernfalls hätte er sagen müssen, dass sie durch die Verheißungen Teilhaber der göttlichen Natur *geworden* seien. Er sagt jedoch: „damit ihr … *werdet.*" Er spricht also von einer Absicht, nicht von einer vollzogenen Tatsache. Wieder ist er, wie wir es schon öfter gesehen haben, mit den erwünschten sittlichen *Ergebnissen* beschäftigt, nicht mit der Sache selbst.

Nun, wenn wir geschmeckt haben, dass der Herr gütig ist; wenn wir in Gemeinschaft mit Ihm unser Leben führen, dann werden wir *in einem sittlichen Sinn* zu Teilhabern der göttlichen Natur. Das ist es, was uns hier vorgestellt wird. Wir sind – wenn wir so sagen dürfen – in eine Atmosphäre gekommen, die Gott entspricht; wir atmen in derselben Atmosphäre, in der Gott ist. Und was ist das Ergebnis? Unser Herz wird geweitet in der Freude darüber, was Er ist; wir haben teil an Seinen Gedanken und Empfindungen. Ja, wir werden im wahrsten Sinn des Wortes „geistlich" und offenbaren selbst die Wesenszüge Gottes.

Das ist bei weitem nicht eine geringe Sache, es ist vielmehr der eigentliche Schluss- oder Gipfelpunkt alles dessen, was in diesen Versen gesagt wurde. Zuerst wird uns die Fähigkeit geschenkt, uns an Gott zu erfreuen. Und in dem Maß, wie wir diese Fähigkeit nutzen und in Gemeinschaft mit Ihm vorangehen, wird die Freude an Gott vertieft. Auf diese Weise werden wir befähigt, in praktischer Weise an den Wesenszügen Gottes teilzuhaben und sie im täglichen Leben zu offenbaren. Dieser Gegenstand ist dem Heiligen Geist so wichtig, dass Er im Folgenden in einer ganzen Kette von geistlichen Tugenden zeigt, in welcher Weise sich die göttliche Natur in uns entfalten soll (Verse 5–7). Wir werden uns damit nächstens beschäftigen dürfen.

Dem Verderben entflohen

Doch zuvor wird in der zweiten Hälfte des vierten Verses ein weiteres Ergebnis der göttlichen Kraft vorgestellt:

> *„die ihr dem Verderben entflohen seid, das in der Welt ist durch die Begierde“ (Vers 4).*

Wenn das Herz mit Christus und der Herrlichkeit erfüllt ist, zu der wir berufen sind, wirkt der Heilige Geist in uns und führt uns zum Sieg über die Sünde. Das ist die einzige Art und Weise, wie wir den Sieg über die sündigen Begierden davontragen können: Wir sind mit etwas anderem, etwas Besserem beschäftigt!

Die Menschen dieser Welt werden unaufhörlich durch ihre Begierden und Lüste getrieben und gehetzt, aber ihr Weg endet im Verderben. Ja, schon jetzt ist das Verderben in der Welt – durch die Begierde. Haben wir uns schon einmal klar gemacht, was dem Grundsatz nach hinter der Begierde, hinter der fleischlichen Lust steckt? Nichts anderes als der *Wille* des gefallenen Menschen. Die Lust des Fleisches und die Lust der Augen und der Hochmut des Lebens sind „nicht von dem Vater" (1. Joh 2,16). Sie sind vielmehr das Zeichen der gefallenen Schöpfung. Da der Mensch seine Befriedigung nicht in Gott sucht und findet, sucht er sie überall und findet sie nirgends – mit der Folge, dass die Seele immer tiefer herabgewürdigt und in die Sünde verstrickt wird. Und so wird der Mensch zum Spielball seiner eigenen Begierden und befindet sich bereits in dieser Zeit im Verderben.

Einst waren auch wir in der Welt und taten unseren eigenen Willen. Doch welch eine Gnade: Jetzt sind wir von unserem eigenen Willen befreit und sind in einem gewissen Sinn Herr geworden über uns selbst und unsere Wünsche! Denn wir atmen die heilige, reine Atmosphäre der Gegenwart Gottes – eine Atmosphäre, in der das Herz seine Freude daran findet, den Willen Gottes zu tun. Es ist zwar ein überaus beglückender Gedanke, dass, wenn wir einmal heimkommen in die himmlische Herrlichkeit, jede unreine Begierde, jeder Flecken, jede Beschmutzung durch Sünde für immer vorüber sein wird. Doch es ist so, als wollte Petrus uns hier sagen: „Wartet darin doch nicht erst auf den Himmel: Ein groß Teil davon könnt ihr schon hier auf der Erde haben. Ihr besitzt die neue Natur, die sich an Gott freut; und wenn diese neue Natur Raum findet, sich zu entfalten, wachsen Gnade und Friede, und ihr entflieht dem Verderben, das in der Welt ist durch die Begierde." Paulus lehrt dasselbe: „Wenn wir durch den Geist leben, so lasst uns auch durch den Geist wandeln" (Gal 5,25).

Teilhaber der göttlichen Natur zu sein – es ist ein unermessliches Vorrecht. Wie bewunderungswürdig ist das Handeln Gottes! Aus staubgeborenen Sündern hat Er solche gemacht, die zur Gemeinschaft mit Ihm befähigt sind, die Seine Gedanken teilen und Ihm Anbetung darbringen dürfen. Und wenn auch – heute unübersehbarer denn je – das Verderben in der Welt ist, oder, wie Johannes es ausdrückt, die Welt „in dem Bösen liegt" (1. Joh 5,19), so sind wir dieser schmutzigen Szene doch bereits entflohen, sofern wir die Gemeinschaft mit Gott verwirklichen. Wir nehmen dann tatsächlich ein Stück vom Himmel vorweg, und das ist es, wozu Gott uns durch diese Worte ermuntern möchte.

Merkmale eines Lebens im Glauben

DER APOSTEL PETRUS hatte von den Gläubigen in einem praktischen, sittlichen Sinn als „Teilhabern der göttlichen Natur“ gesprochen (2. Pet 1, 4). Sie sind berufen, so haben wir es gesehen, im täglichen Leben die Wesenszüge Gottes zu offenbaren. Ohne den Besitz des ewigen Lebens wäre das unmöglich. Wenn aber das ewige Leben als solches auch etwas Vollkommenes, Unverlierbares ist, so ist es in seinen praktischen Äußerungen doch wachstümlich. Es bedarf – in der Kraft des Geistes – der Pflege, der Entfaltung. Beim natürlichen Leben ist es nicht anders. Ein neu geborenes Kind besitzt geradeso Leben wie ein Erwachsener. Entweder man hat es, oder man hat es nicht. Trotzdem sind die Äußerungen des Lebens in einem Kleinkind bei weitem noch nicht so entwickelt wie in einem Erwachsenen. Dieses *Wachsen* muss auch im geistlichen Bereich erfolgen. Wachsen und Fruchtbringen sind Prinzipien Gottes, die sich sowohl in der sichtbaren als auch in der neuen Schöpfung finden.

Deswegen zeigt nun Petrus in den Versen 5–7 eine Kette von geistlichen Tugenden, in denen sich der christliche Charakter der Gläubigen entfalten soll. Er hatte ihnen das vorgestellt, was sie zu trösten und ihre Herzen zu erfrischen vermochte. Aber jetzt kommt er auf ihren praktischen Zustand zu sprechen. Und so knüpft er die nun folgenden Ermahnungen mit „ebendeshalb“ oder „aus diesem Grund“ an das bereits Gesagte an:

> *„so wendet ebendeshalb aber auch allen Fleiß an, und reicht in eurem Glauben die Tugend dar, in der Tugend aber die Erkenntnis, in der Erkenntnis aber die Enthaltsamkeit, in der Enthaltsamkeit aber das Ausharren, in dem Ausharren aber die Gottseligkeit, in der Gottseligkeit aber die Bruderliebe, in der Bruderliebe aber die Liebe“ (Verse 5–7).*

Fleiß und Errettung

Zuerst spricht er vom **Fleiß** oder Eifer, den die Gläubigen anwenden (oder: hinzubringen) sollten. Es mag uns überraschen, dass in der Verwirklichung so hoher geistlicher Tugenden, wie sie im Folgenden genannt werden, *unser Fleiß* als erste Voraussetzung dafür angesehen wird. Doch Gott weiß, wie schnell wir darin erlahmen, die uns geschenkten Vorrechte zu genießen. Daher ermahnt Er uns, beim Hinzufügen oder „Darreichen“ der christlichen Charakterzüge *allen Fleiß,* Fleiß auf jede Weise, anzuwenden. Aber solch eine Ermahnung „erdrückt“ uns nicht, macht uns nicht mutlos. Denn das ›ebendeshalb‹ deutet die gesegnete Verbindung zwischen unseren Vorrechten (Verse 1–4) und deren Verwirklichung (Verse 5–11) an: Wir wissen bereits um das, was unser ist; und je mehr wir in dieser Kenntnis wachsen, desto mehr wird auch Fleiß in uns erweckt werden, um darin Frucht für Gott zu bringen.

Ist es andererseits nicht ein erschreckender Gedanke, dass die Gewissheit, schließlich in den Himmel zu kommen, unseren Eifer oft erschlaffen lässt? Wie wenig bedenken wir dann, welche bleibenden Folgen sich aus dem Mangel an Fleiß hier auf der Erde ergeben werden! Die Gegenwart und die Zukunft sind keineswegs so weit voneinander getrennt, wie wir geneigt sind, es anzunehmen. Nun, das ist nicht die richtige Wertschätzung der Gnade Gottes, dass wir zufrieden damit sind, in den Himmel zu kommen, ohne für Christus gelebt oder Ihn auf dem Weg dorthin geehrt zu haben. Wie wunderbar auch der Himmel sein wird, in einer gewissen Beziehung wird er auch eine Widerspiegelung der Treue sein, die wir hier für Seinen Namen bewiesen haben.

Noch eines wird hier deutlich: Wir sind noch nicht am Ziel unseres Glaubens, der Herrlichkeit Gottes, angelangt. Wohl sind wir auf dem Weg dorthin, aber der ist voller Gefahren. Da ist die *Welt* um uns und das *Fleisch* in uns – und der *Teufel,* der beide zu unserem Schaden zu nutzen versteht. Angesichts dieser Bedrohungen brauchen wir allen Fleiß, um nicht zu erliegen. Das ist die Art und Weise, in der Petrus im Allgemeinen die *Errettung* sieht: als einen Prozess, ein ständiges Errettetwerden, das bis zum Ende der Wüstenreise seinen Fortgang nimmt und schließlich in der Herrlichkeit mündet (vgl. 1. Pet 1,5).

Auch der Apostel Paulus redet unter diesem Blickwinkel von ›Errettung‹. Zum Beispiel in Philipper 2: „Bewirkt euer eigenes Heil (oder: eure eigene Errettung) mit Furcht und Zittern" (Vers 12). – In 1. Korinther 15 haben wir ebenfalls die *im Verlauf befindliche* Errettung: Durch das Evangelium *„werden* (nicht: *sind*) wir errettet (Vers 2; vgl. auch Kap. 1,18). Der Herr Jesus hat ein unveränderliches Priestertum, das Er zu unseren Gunsten ausübt, um die „völlig zu erretten, die durch ihn Gott nahen" (Heb 7,25). So findet die Errettung in diesem Sinn am *Ende* des Weges ihren Abschluss und schließt die Errettung des Leibes, die Errettung aus allen Umständen, die vollständige Errettung von der Macht, ja von der Gegenwart der Sünde mit ein.

Andere Stellen dagegen zeigen, dass der gläubige Christ, was seine Seele angeht, in Christus Jesus die Errettung bereits vollständig besitzt. Dies ist seine auf das Werk Christi gegründete Stellung: Er *ist* errettet, Gott *hat* ihn errettet, und er *trägt* die Errettung der Seele *davon* (Eph 2,8; 2.Tim 1,9; Tit 3,5; 1.Pet 1,9). Es sind verschiedene Blickrichtungen von ein und derselben Sache. In unserer Stelle jedoch geht es um unsere Praxis, um unser Vorwärts gehen auf dem Weg christlicher Erfahrung. Und da sind Ermahnungen zu Wachsamkeit, zu Fleiß und dergleichen am Platz (vgl. auch Heb 6,11). Dass es trotz aller Hindernisse Fortschritte gibt, liegt in diesem Sinn in unserer Verantwortung. Gewiss ist es „Gottes Macht", durch die wir bewahrt werden; aber es geschieht, wie wir bereits gesehen haben, „durch Glauben".

Der Glaube und seine Früchte

Deswegen erwähnt Petrus auch hier als Nächstes den **Glauben**. Von ihm sagt er nicht wie von den folgenden Stücken, dass er „zugefügt", „dargereicht" oder „bereitgestellt" werden soll. Wohl einfach deswegen nicht, weil der Glaube bei denen, an die er schreibt, als vorhanden vorausgesetzt wird.

Mit ›Glauben‹ ist hier offensichtlich der sittliche *Grundsatz* des Glaubens gemeint, die *Kraft* des Glaubens in dem Einzelnen, nicht das Glaubensgut. Nun, dieser persönliche Glaube ist bei jedem der Kinder Gottes der Anfang von allem. Ohne ihn haben sie nichts. Auch Liebe, das letzte Stück in der Aufzählung, ist ohne Glauben nicht denkbar; denn er „wirkt durch die Liebe“ (Gal 5,6). Alles Wertvolle in unserem Leben erwächst aus dem Glauben. Der Glaube ist das A und O unseres christlichen Lebens. Je mehr ich heute darüber nachdenke, desto inniger wird die Bitte der Jünger „Vermehre uns den Glauben!“ die meine. Nur im Glauben – mit dem Blick auf Jesus, den Sohn Gottes, gerichtet – können wir die Welt überwinden (1. Joh 5,4.5). Fast unnötig zu sagen, dass der Glaube nicht mit den sichtbaren Dingen dieser Welt beschäftigt ist, sondern mit den unsichtbaren der Auferstehungswelt unseres Herrn. Er ist wie eine Hand, die sich in die unsichtbare Welt des Guten ausstreckt und die Dinge, die sie dort findet, in die sichtbare Welt zurückbringt. Es ist ein unermessliches Geschenk, glauben zu können – „Gottes Gabe ist es“.

Sieben Früchte oder Charakterzüge des neuen Lebens sollen nun aus dem Glauben erwachsen. Obwohl sie in einer göttlich weisen Ordnung und Reihenfolge vorgestellt werden, spricht der Apostel nicht von einer bloßen Addition einer Sache zu einer anderen, als handele es sich um aufeinander folgende Stufen, die wir nacheinander erklimmen müssen. Wenn diese sieben Stücke auch ihrem Charakter nach steigend sind – die Gläubigen sollen *alle* diese Kennzeichen an sich tragen und offenbaren. Es ist, wie wenn jemand einen Apfel als „wunderbar saftig“ angepriesen bekommt. Er beißt hinein und stellt fest: „Saftig ist er, aber ihm fehlt die Säure." Ein Christ mag sehr lieb sein, aber es mag ihm die Entschiedenheit oder das Ausharren fehlen. Gott ist nicht damit zufrieden, dass Seine Kinder nur den einen oder anderen Charakterzug von Ihm offenbaren. Die göttliche Natur soll in *allen* ihren Qualitäten in den Seinen sichtbar werden.

So sagt denn der heilige Schreiber: „... reicht in eurem Glauben die Tugend dar ..." Seht zu, will er sagen, dass euer Glaube von der Art ist, dass er dies alles hervorbringt: Tugend, Erkenntnis, Enthaltsamkeit, Ausharren, Gottseligkeit, Bruderliebe, Liebe. Für das Wort ›darreichen‹ habe ich bereits einige weitere Wiedergabemöglichkeiten angegeben: ›zufügen, bereitstellen‹. Die ursprüngliche Bedeutung dieses Wortes geht auf das Aufstellen und Trainieren eines großen Chores für irgendeine offizielle Feier zurück. Die Kosten dafür wurden gewöhnlich von einem wohlhabenden Gönner oder Förderer aufgebracht: Er *steuerte* alles für die Feier Notwendige *bei*. Das ist das Wort: *beisteuern*. Später wurde es verallgemeinert und nahm dann die Bedeutung von ›darreichen, gewähren, geben‹ an. Trotzdem finde ich ›beisteuern‹ als Wiedergabe in unseren Textzusammenhang recht brauchbar: „... reicht dar, steuert bei in eurem Glauben: die Tugend."

Tugend

Der Glaube verbindet uns mit Gott, und als erstes Ergebnis davon wird hier die ›Tugend‹ vorgestellt. Was damit gemeint ist, haben wir in Verbindung mit dem vierten Vers bereits gesehen: geistliche Energie und Entschiedenheit, sittlicher Mut. Diese Entschiedenheit haben wir im Blick auf alle drei erwähnten Feinde nötig.

Was **Satan** angeht, so wird er nichts unversucht lassen, uns von dem Weg des Gehorsams abzubringen. Er tat dies bei dem Herrn Jesus, dem Sohn Gottes, und er wird es bei denen tun, die Ihn bekennen und nun selbst „Söhne Gottes" geworden sind. Und wie der Heiland ihm nur mit dem Wort Gottes, mit dem „Es steht geschrieben" entgegentrat (Mt 4), so sollten auch wir bei diesem Kampf nur diese Waffe benutzen. „Nehmt auch ... das Schwert des Geistes, das Gottes Wort ist", lesen wir in Epheser 6. Nur der Glaube kann dieses Schwert in der Kraft des Geistes recht führen. Deswegen sagt Petrus in seinem ersten Brief: „Dem (dem Teufel) widersteht standhaft im Glauben" (Kap. 5,9).

Ja, dem Herrn Jesus zu folgen und Seine Rechte zu verteidigen bedeutet auch, das Schlachtfeld zu betreten. Dazu haben wir sittlichen *Mut* nötig. Daher wird er in dieser Aufzählung der Früchte des Glaubens als Erstes genannt. Es ist der Mut eines Soldaten, der mannhaft gegen jede Gegnerschaft auftritt.

Wenn wir an das **Fleisch** denken, so erkennen wir rasch, dass, um seiner Wirksamkeit Einhalt zu gebieten, ebenfalls geistliche Energie notwendig ist. Wie könnten wir mit Gott praktische Gemeinschaft haben, wenn wir der alten Natur in uns freien Lauf ließen? Gott möchte, dass wir Herr über uns selbst sind und fähig, das Gute zu erwählen und das Böse abzulehnen.

Nur aus der bewussten, glaubensvollen Hinwendung zu Gott kann uns diese Kraft zufließen. Auf diese Weise wird das Herz vom Guten regiert und die Gemeinschaft mit Gott gepflegt. Dabei „kämpfen“ wir nicht gegen die Sünde in uns, sondern wir verhalten uns ihr gegenüber wie „tot“ (Röm 6,11): Wir haben uns für die andere Seite entschieden. Gesegnetes Teil! Dass wir es doch mehr verwirklichten!

Im Blick auf die **Welt** hatten wir schon in Mose ein schönes Beispiel von geistlicher Entschiedenheit gefunden. Er „weigerte sich“, und er „wählte“ (Heb 11,24.25). Auch Daniel „nahm sich in seinem Herzen vor“, sich nicht mit der Tafelkost des Königs zu verunreinigen, und dann „bat“ er um etwas Besseres (Dan 1,8). Die ›Tugend‹ ist also jene Energie, die *abzulehnen* und zu *erwählen* weiß; die Nein zu sagen vermag zu den tausend täglich auf uns eindringenden Angeboten der Welt, um stattdessen dem vor uns liegenden Ziel – Christus in der Herrlichkeit – zuzustreben. Und wie wir in Galater 5, Vers 22, eine Zusammenstellung der „Frucht des Geistes" im Gegensatz zu den „Werken des Fleisches" in Vers 19 finden, so hier den Weg des Gläubigen im Gegensatz zu dem Weg der religiösen Welt (vgl. 2. Pet 2–3).

Sich zu *weigern* und zu *wählen* – trefflicher lässt sich kaum umschreiben, was die geistliche Entschiedenheit in einer Welt wie dieser und mit einem Herzen wie dem unseren zum Inhalt hat. Sie führt dazu, sich selbst zu verleugnen, und macht eine volle Gemeinschaft mit Gott möglich. Es gibt keinen anderen Weg zum wahren Glück.

Erkenntnis

Doch ist geistliche Kraft nicht alles. Wir haben ebenso sehr *Erkenntnis* nötig. Deswegen wird hinzugefügt: „*in* der Tugend aber die Erkenntnis". Die Ermahnung ist nicht, der Tugend ein weiteres Stück hinzuzufügen: die Erkenntnis; und dann der Erkenntnis wieder ein weiteres Stück anzufügen und so weiter. Vielmehr ist dies der Gedanke: In der Anwendung der Tugend soll sich die Erkenntnis entfalten, in der Erkenntnis dann die Enthaltsamkeit und so fort. Eins erblüht aus dem anderen, ist ohne das Vorhergehende nicht denkbar, sondern keimartig in ihm enthalten. Das scheint mir die Bedeutung des Wörtchens ›in‹ zu sein: *in* der Tugend, *in* der Erkenntnis …

Nicht blinder Eifer ist für den Christen angesagt, nicht eigene Kraftanstrengung auf ungöttlichen Wegen, sondern Leitung durch das Wort Gottes bei jedem Schritt. Die Juden hatten Eifer für Gott, „aber nicht nach Erkenntnis", urteilt Gottes Wort (Röm 10,2). Auch heute gibt es viel Einsatz und Betriebsamkeit auf christlichem Gebiet, aber nicht immer geht es mit der Erkenntnis einher. Nur die Kenntnis Gottes und Seiner Gedanken bewahrt uns vor Fanatismus und anderen eigenwilligen Wegen.

Auch können wir nicht die Dinge Gottes lernen, ohne die ehrliche Absicht zu haben, ihnen entsprechend zu leben. Esra hatte sein Herz darauf gerichtet, das Gesetz Jehovas (Jahwes) zu erforschen und *zu tun* (Esra 7,10). Gott ist nicht bereit, uns fruchtlose Kenntnis zu geben. Tatsächlich könnten wir an unserem inneren Menschen kaum ernster Schaden nehmen, als wenn wir uns mit einem rein äußeren Bekanntsein mit göttlichen Dingen zufrieden gäben in der Meinung, wir kennten sie, und es fehlte uns die ›Tugend‹. Dieses Kopfwissen bläht auf (1. Kor 8,1) und führt zur Heuchelei.

Die wahre Erkenntnis Gottes jedoch – und davon spricht der Apostel hier – macht demütig. Gott will, dass wir die Dinge kennen, die uns von Ihm geschenkt sind (1. Kor 2,12). Und so ist es sehr köstlich, wenn die ›Tugend‹ diese Erkenntnis im Gefolge hat und von ihr begleitet wird. Denn das tiefere Bekanntsein mit Gott und Seinen Wegen und Gedanken macht unser Herz weit und glücklich. Zugleich erkennen wir klarer den Weg der Wahrheit und entrinnen den mannigfachen Irrtümern, die heute die Christenheit durchsetzen.

Stellen wir jedoch noch einmal den so wichtigen Grundsatz heraus: Die Wahrheit Gottes und all die Segnungen, die Gott schenkt, können nur durch Gehorsam wirklich gekannt und erlernt werden – dadurch, dass man in ihnen wandelt.

Enthaltsamkeit

Diese Erkenntnis führt zur *Enthaltsamkeit,* was Selbstbeherrschung bedeutet. Wie der Apostel Paulus von den Schriften spricht als nützlich zuerst zur Lehre und dann zur Zurechtweisung (2. Tim 3,16), so ist es auch hier. Wenn wir die Wahrheit lernen, dann ist dies das erste, was wir zu erkennen haben: dass sie auf *uns selbst* zuerst ihren Anspruch erhebt.

Wie bedeutsam Enthaltsamkeit oder Selbstbeherrschung ist, wird so recht deutlich, wenn wir uns einmal ihr Gegenteil vor Augen führen: Zügellosigkeit. Wenn man die Kontrolle über sich selbst nicht bewahrt, wenn man den Begierden die Zügel schießen lässt, führt das unweigerlich zur Zügellosigkeit. Dann gleicht man einem Schiff in stürmischer See, dessen Steuerruder gebrochen ist. Wo wird es schließlich stranden?

Wie ganz anders verhält es sich, wenn unser Herz von der Erkenntnis Gottes erfüllt und beglückt ist! Dann ist Kraft vorhanden, unseren „Appetit" zu zügeln, unsere Wünsche unter Kontrolle zu halten. Wir legen uns freiwillig Beschränkungen auf und geben unseren Wünschen nicht ungehindert Raum. Diese Selbstkontrolle, verbunden mit der Kenntnis des Wortes Gottes, mündet nicht in eine gesetzliche Abstinenz (Enthaltsamkeit) nach der Art von Kolosser 2, Vers 21: „Berühre nicht, koste nicht, betaste nicht!" Es ist auch nicht das Sich-Enthalten von der Ehe oder von Speisen, die Gott geschaffen hat zur Annahme mit Danksagung für die, die glauben und die Wahrheit erkennen (1.Tim 4,3).

Nein, nicht ein gesetzliches, rein äußerliches Sich-Einschränken ist der Weg Gottes, sondern die Pflege des inneren Menschen Tag für Tag in der Gemeinschaft des Herrn. Nur so sind wir in der Lage, uns selbst zu regieren und eine gewisse Ordnung in unserem Innern aufrechtzuerhalten. Und seien wir versichert: Wir werden nichts anderes regieren oder in Ordnung halten können, wenn wir nicht hier, das heißt bei *uns,* beginnen.

In der westlichen Welt, in der wir leben, werden heute viele von einer Maßlosigkeit erfasst, die uns wohl beängstigen mag. Gibt es keine Grenzen mehr? Denken wir nur an Stichworte wie Verbrauch, Genuss, Vergnügen, Erleben, Besitz. Alles wird ausgenutzt, von allem möchte man so viel wie irgend möglich haben.

Ob deshalb nicht diese Ermahnung für uns in unserer Zeit besonders wichtig ist: „Reicht dar … in der Erkenntnis aber die *Enthaltsamkeit*"? Es ist nicht nur ein gewisses Maßhalten gemeint, sondern das Zügeln des eigenen Willens, die Kontrolle über das eigene Ich. Die Erkenntnis, die wir von den Gedanken Gottes besitzen dürfen, wird uns dabei sehr hilfreich sein, wissen wir doch, wie Er über alles denkt und worauf alles in der Welt hinausläuft.

Ausharren

„… in der Enthaltsamkeit aber das *Ausharren*" – so führt der Heilige Geist die wunderbare Kette fort.

Bleiben wir zuerst kurz bei dem Begriff ›Ausharren‹ stehen.

›Ausharren‹ bedeutet buchstäblich ›darunter bleiben‹. Worunter? Unter den Umständen, die Gott uns auferlegt hat. Ausharren hat es mit Umständen, mit *Dingen* zu tun. Nicht so der verwandte Charakterzug, die Langmut. Sie bezieht sich auf *Personen*. Langmut wird auch Gott zugeschrieben, sie ist geradezu typisch für Ihn. Trägt Er nicht selbst böse Menschen in Geduld? Aber nie wird Gott das Ausharren beigelegt; denn Er wird in keiner Weise durch Dinge oder Umstände berührt in dem Sinn, dass Er *unter* ihnen ist. Wohl wird Er in Römer 15 der ›Gott des Ausharrens‹ und ein wenig später der ›Gott der Hoffnung‹ genannt (Verse 5.13). Aber in beiden Fällen nicht deswegen, weil *Er* ausharrt oder weil *Er* etwas erhofft, sondern weil Er dem, der zu Ihm aufschaut, sowohl Ausharren als auch Hoffnung verleiht.

Wenn also Gott auch nicht durch Umstände getroffen wird, so doch wir umso mehr. Wir leiden unter ihnen, und Gott weiß das. Was wir dann brauchen, ist Ausharren, das Darunter-Bleiben. Es ist indes mehr als Geduld. Geduld ist nur ein Teil dessen, was unser Wort bedeutet. Standfeste *Beharrlichkeit* trifft den Gedanken vielleicht besser. Das macht uns klar, dass Ausharren nicht eine rein passive Sache ist, als die sie uns zumeist erscheint. In prüfenden Umständen Standfestigkeit und Beharrungsvermögen zu offenbaren bedarf vielmehr großer geistlicher Kraft. Das zeigt uns so trefflich Kolosser 1, wo gleichsam die ganze Kraft und Macht der *Herrlichkeit Gottes* aufgeboten wird, um die Gläubigen „zu allem Ausharren und aller Langmut mit Freuden" zu führen (Vers 11).

So weit bringt uns unser Brief allerdings nicht. Dennoch lernen wir hier etwas sehr Wesentliches für unser praktisches Leben. Dadurch, dass wir im Glauben die Wahrheit Gottes erfassen und als Folge davon uns Beschränkungen in dieser Welt auferlegen, wird das Herz frei, um mit himmlischen Dingen beschäftigt zu sein. Und in dem Maß, wie wir darin unsere tiefe Befriedigung finden, wird das Ausharren leichter.

Meine Hand zittert, wenn ich dies schreibe; und doch weiß ich, dass es wahr ist. Auch der folgende Satz aus der Feder eines anderen ist unbedingt wahr: „Selbst wenn wir alles hier verlieren sollten, wir würden doch nicht eins von dem verlieren, was wirklich unser ist."

Möge uns der Herr Jesus helfen, die Dinge mehr so zu sehen – sie so zu sehen, wie sie tatsächlich sind! Und möge Er uns Ausharren, standfeste Beharrlichkeit schenken in diesen notvollen Tagen, damit wir trotz allem glücklich in Seiner Liebe bleiben!

Gottseligkeit

Wenn als Nächstes *Gottseligkeit* genannt wird, so wollen wir uns auch hier zuerst mit dem Wort als solchem beschäftigen. Es ist abgeleitet von einem Tätigkeitswort, das ›gute Ehrfurcht haben‹ bedeutet. ›Gottseligkeit‹ beschreibt also eine Gott angemessene Haltung, und wir können dafür gut *Frömmigkeit* oder *Gottesfurcht* sagen. Sie steht im krassen Gegensatz zu dem *gottlosen* Leben der falschen Lehrer und ihren *gesetzlosen* Werken (2. Pet 2,6.7).

Die wahre Frömmigkeit – wohl zu unterscheiden von ihrer menschlichen Entstellung, der Frömmelei – äußert sich in einem Leben der Gemeinschaft mit Gott, in einer freiwilligen Unterwerfung unter Seinen Willen, weil man weiß, dass der bei weitem der beste ist. Man vertraut kindlich auf Gott, weil man Seine Liebe kennt und genießt; und man fürchtet sich umso mehr, Ihn in Gedanken, Worten oder Taten zu verunehren.

Dieser köstliche Charakterzug göttlichen Lebens fließt wie von selbst aus dem Ausharren hervor: „in dem Ausharren aber die Gottseligkeit“. Wenn unser Glaube durch Umstände mancherlei Art geprüft wird, sich aber im Ausharren erweist, dann gesellt sich die Gottseligkeit als glücklicher, friedvoller Begleiter hinzu. Wie schade, dass wir manches Mal auf ihn verzichten müssen – weil wir nicht wirklich mit Gott rechnen und selbst Hand anlegen!

Unser Umgang prägt uns, sei es zum Guten oder zum Schlechten. Und wenn böser Verkehr gute Sitten verdirbt (1. Kor 15,33), so fördert umgekehrt der Umgang mit Gott das Gute. Halten wir uns daher nahe zu Gott! Dann werden wir auch „gottselig leben in dem jetzigen Zeitlauf"; denn wir alle gleichen dem, mit dem wir beschäftigt sind.

Der Apostel Paulus zeigt uns von einem etwas anderen Blickwinkel aus, was das „Geheimnis der Gottseligkeit" ausmacht: die Wahrheit von Christus (1. Tim 3,16). Die von Gott gelehrte Wahrheit über Christus wird, wo immer sie im Glauben aufgenommen wird, echte Frömmigkeit als praktisches Ergebnis haben (Kap. 6,3). Andernfalls ist es entweder nicht die Wahrheit, oder es ist kein Glaube vorhanden.

Diese Gottseligkeit muss, wie eingangs erwähnt, das ganze Leben hindurch vorhanden sein. Ohne sie gäbe es weder Tugend, noch Enthaltsamkeit, noch Ausharren. Dennoch muss sie Raum zur Entfaltung finden. Es erscheint allerdings seltsam, dass die so wichtige Gottseligkeit erst hier an ziemlich später Stelle genannt wird. Soll uns dadurch vielleicht eine zusätzliche Lektion erteilt werden? Wenn wir uns selbst kennen, wenn wir um uns blicken – wie viel ist in dem Christen vorhanden, das der Entfaltung dieses Charakters hindernd im Wege steht! Wie vieles muss wohl auch bei uns aus dem Weg geräumt werden, bis wir diese Segnung als *bleibend* genießen: Gott in allem zu sehen, Gott in alles hineinzubringen, Gott in allem anzuerkennen, Gott in allem zu vertrauen, sich Gottes zu jeder Zeit zu erfreuen! Denn gerade das, liebe Freunde, ist *Gottseligkeit*.

Bruderliebe

Die Pyramide der von Gott gewirkten Charakterzüge nähert sich ihrem Gipfelpunkt: „in der Gottseligkeit aber die Bruderliebe." Aus einem Herzen des Glaubens, das sittlichen Mut hat, das Gott erkennt, das Selbstbeherrschung auslebt, das ausharrt und gottselig ist, fließen ungehindert Zuneigungen zu den Mitgläubigen hervor: die *Bruderliebe* ist wirksam. Wenn wir Gott den richtigen Platz in unserem Herzen geben, werden wir ihn auch für die haben, die Ihm so teuer sind: Wir werden die Brüder lieben. Das ist es, was Gott uns „lehrt": „Was aber die Bruderliebe betrifft, so habt ihr nicht nötig, dass wir euch schreiben, denn ihr selbst seid von Gott gelehrt, einander zu lieben" (1. Thes 4,9).

Beachten wir, welchen Platz die Bruderliebe in dieser Aufzählung einnimmt! Sie kommt nicht sogleich nach dem ›Glauben‹. Zuvor ist ›Tugend‹ nötig, geistliche Entschiedenheit, um mich von allem Bösen zu Christus hin abzusondern, von allem, wovon das heilige Wort Gottes mich wegführt – selbst wenn einige meiner Brüder noch damit verbunden sein mögen. Gottes Weg ist Absonderung zuerst, dann Einheit. Dazu zwei weitere Beispiele. In Hebräer 2, Vers 11, wird zuerst von der *Heiligung* der Gläubigen gesprochen, danach davon, dass sie alle *von einem* sind. Und in Johannes 17 betet der Herr Jesus zuerst dafür, dass die Seinen *„Geheiligte* seien durch Wahrheit" (Vers 19), ehe Er von ihrer Einheit spricht: „damit sie alle *eins* seien" (Vers 21).

Bruderliebe ist das Ergebnis der Gottseligkeit, sie wird nur in wahrer Frömmigkeit gefunden. „Hieran erkennen wir, dass wir die Kinder Gottes lieben, wenn wir Gott lieben und seine Gebote halten" (1. Joh 5,2). Das ist der göttliche Prüfstein wahrer Liebe. Wir lieben die Brüder nur dann in Wahrheit, wenn unsere Liebe von der Liebe zu Gott und vom Gehorsam Seinen Geboten gegenüber „flankiert" oder bewacht wird. Deswegen sollten wir nicht einfach nach dem urteilen, was gerade ein glückliches Gefühl in uns hervorruft, und es für Bruderliebe halten. Auch sollten wir nicht nur auf gewissen Geboten Gottes fest bestehen und unsere Augen ebenso fest vor dem verschließen, was gleichfalls Seine Gebote in einer anderen Richtung sind. Wir haben kein Recht, gewissen Geboten Gottes mehr Wichtigkeit beizumessen als anderen. Alle Seine Gebote sind Seine Gebote. So müssen wir denn unsere Liebe zu den Brüdern an dem Gehorsam den Geboten Gottes gegenüber messen und eichen. Es ist nicht Liebe, Böses in dem Bruder zu verharmlosen oder gar zu ignorieren: Es ist äußerste Lieblosigkeit ihm gegenüber. Wirkliche Bruderliebe finden wir tatsächlich nur in der Gottseligkeit.

Was ist all unsere Liebe anderes als eine Widerspiegelung Seiner Liebe? „Wir lieben, weil *er* uns zuerst geliebt hat“ (1. Joh 4,19). Und was sind Seine Gebote anderes als der Ausfluss Seiner vollkommenen Liebe zu uns? „Und dieses Gebot haben wir von ihm, dass, wer Gott liebt, auch seinen Bruder liebe“ (Vers 21). Das bedeutet aber, dass wir die Brüder lieben, eben weil sie *Brüder* sind. Wenn wir Gott lieben, lieben wir Seine Kinder gleicherweise, denn sie sind aus Ihm entsprossen. „Jeder, der den liebt, der geboren hat, liebt auch den, der aus ihm geboren ist“ (Kap. 5,1). Allein aus diesem Grund suchen wir ihr Bestes, allein deswegen sind sie liebenswert. Wir sollen als solche handeln, die direkt von Gott kommen und die – in Abhängigkeit von Ihm – in Gnade ausgehen, um dem

Anderen zu helfen, was immer dessen Zustand auch sein mag. Haben wir in diesem Punkt nicht alle mehr oder weniger versagt? Lieben wir nicht allzu häufig nur die, die auch lieb zu uns sind? Der Herr Jesus sagt, dass die Sünder dasselbe tun (Lk 6,32). Er möge uns helfen, die Kinder Gottes zu lieben, *weil Er sie liebt!* Das ist die beste Art, sie zu lieben.

Aus all dem über die Bruderliebe Gesagten wird schon deutlich, dass sie ihre Grenzen und Gefahren hat. Das liegt einmal an ihrem Charakter und zum anderen an ihren Gegenständen. Wie leicht vermischt sie sich mit rein natürlichen Empfindungen, wie schnell gleitet sie in Parteilichkeit ab! Deswegen steht die Bruderliebe nicht über der Liebe, sondern umgekehrt: Die Liebe ist die Krönung der Bruderliebe. Das erhellt allein schon daraus, dass von Gott nicht gesagt werden kann: „Gott ist Bruderliebe“, wohl aber: „Gott ist Liebe“. Doch damit sind wir bereits beim letzten Punkt in dieser kostbaren Kette – der Liebe – angelangt. Wir werden sehen, dass sie auch als Korrektiv für die Bruderliebe notwendig ist.

Liebe

Die Liebe als solche ist zweifellos der höchste Charakterzug des neuen, göttlichen Lebens. Denn nicht nur ist die Liebe „aus Gott“, sondern Gott selbst „ist Liebe“ (1. Joh 4,7.8.16). Die Liebe ist also direkt ein Wesenszug Gottes. Wir haben uns eben daran erinnert, dass dies von der Bruderliebe nicht gesagt werden kann. Die brüderliche Zuneigung ist ohne Frage ein kostbares Band; aber sie kann leicht zu einer rein menschlichen Liebe entarten und schließlich ganz dahinschwinden. Die *Liebe* im eigentlichen Sinn aber ist göttlich. Sie vergeht niemals (1. Kor 13,8). So muss selbst da, wo die Bruderliebe echt und in gottgewollter Weise tätig ist, in ihr die Liebe dargereicht werden: „in der Bruderliebe aber die Liebe“.

Die Liebe ist nicht allein die Krönung der Bruderliebe und jeder anderen Tugend, sondern sie gibt auch allen anderen Charakterzügen erst den vollen Wert und Inhalt. Nichts ist wirklich von Wert vor Gott ohne Liebe. Wenn also auch die Liebe an letzter, höchster Stelle genannt wird, so wirkt sie doch rückwärts in alle vorher genannten Züge des Lebens hinein und muss, wie wir uns erinnert haben, von Anfang an bei uns sein. Das macht aufs Neue deutlich, dass wir in dieser Aufzählung nicht eine bloße Addition verschiedener Eigenschaften sehen dürfen. Diese Eigenschaften sollen vielmehr *alle* in uns vorhanden sein.

Insofern ist die Liebe nicht nur das Endergebnis, sondern auch die Quelle von allen anderen Charakterzügen. „Zu diesem allen" oder „über dies alles" sollen wir die Liebe anziehen, das Band der Vollkommenheit, sagt die Schrift (Kol 3,14). Auch an dieser Stelle wird die Liebe als das Element angesehen, das jeder anderen Tugend ihren wahren, ihren göttlichen Charakter verleiht. Wie ein übergezogenes Kleidungsstück hält sie alle anderen Stücke in Ordnung und an ihrem Platz. Sowohl im Kolosserbrief als auch in unserer Stelle steht also die *volle Entfaltung* der Liebe vor dem Auge des Schreibers – eine Entfaltung, die alle übrigen Charakterzüge miteinschließt und berührt.

Die Unterscheidung zwischen ›Bruderliebe‹ und ›Liebe‹ ist höchst bemerkenswert. Man hat daraus den Schluss gezogen, dass die *Bruderliebe* sich – naturgemäß – den Glaubensbrüdern zuwendet, die *Liebe* jedoch einen weiteren Bereich hat und die Liebe zu allen Menschen bedeutet. Doch glaube ich nicht, dass dies der Sinn des Heiligen Geistes ist. Denn jetzt einmal ganz davon abgesehen, ob die Liebe zum Menschen tatsächlich höher zu werten ist als die Liebe zum Bruder, geht es hier doch offenbar nicht um den Bereich, sondern um den *Charakter der Liebe*.

Brüderliche Zuneigung ist etwas sehr Kostbares und zugleich Elementares. Wo sie vorhanden ist, ist auch göttliches Leben da. Die Liebe zu den Brüdern ist geradezu der Beweis dafür, dass „wir aus dem

Tod in das Leben hinübergegangen sind"; denn es wird hinzugefügt: „weil wir die Brüder lieben" (1. Joh 3,14). Aber weil diese Liebe in irrenden Menschen ist und irrende Menschen zum Ziel hat, muss sie von einem übergeordneten Grundsatz geleitet und regiert werden. Dieser Grundsatz ist ›Liebe‹, die Liebe als solche. Sie ist, wie bereits mehrfach erwähnt, die Natur Gottes. Gott ist auch ›Licht‹ (Kap. 1,5). Aber wenn Gott in Seiner Natur *tätig* wird, wird Er als *Liebe* tätig. So unermesslich groß das an sich auch ist, so sollen doch auch wir in demselben Charakter lieben wie Er. Dann stehen jedoch nicht die *Brüder* in erster Linie vor uns, sondern in unserer Liebe hat *Gott* den ersten Platz. Das macht den entscheidenden Unterschied aus. Wenn aber Gott den ersten Platz in unserem Herzen einnimmt, dann wird auch unsere Liebe zu den Brüdern vor jeder Entartung, Vermischung oder Abkühlung bewahrt bleiben. Das ist es wohl, was wir hier lernen sollen.

Mit ›Liebe‹, die aus der ›Bruderliebe‹ erwachsen soll, ist also gewiss nicht eine allgemeine Liebe zu den Menschen als solchen gemeint. Das wäre kein Hinauf-, sondern ein Hinabsteigen im Charakter der Liebe. Ist doch die Liebe zu den Brüdern von weit edlerer Art als die Liebe zum sündigen Menschen. Letztere trägt mehr den Charakter von Mitleid und Wohltätigkeit (Mt 5,44). Die Bruderliebe aber ist der

Ausdruck einer bestehenden, von Gott geknüpften ewigen Beziehung. Um sie zu schaffen, um einen einzigen Menschen in die Familie der Kinder Gottes zu bringen, musste Christus sterben (Joh 12,24).

Wenn wir nun Liebe von derselben Art offenbaren sollen wie Gott, wo können wir sie sehen? Beglückende Antwort: In Christus! Er, der Sohn Gottes und der Sohn des Vaters – Er ist der vollkommene Ausdruck der Liebe Gottes. So lasst uns im Glauben zu Ihm emporblicken und Ihn betrachten! Er wird uns helfen, die höchste Frucht des Glaubens, die Liebe, zu betätigen, ohne etwas dafür zu erwarten. Auf diese Weise liebt Gott. Er sucht in dem Gegenstand Seiner Liebe nicht einen Anlass für Seine Liebe. Dass auch erlöste Menschen zu dieser Art von Liebe fähig sind, beweist das hehre Beispiel des Apostels Paulus, der im Blick auf die Korinther sagen konnte: „Wenn ich auch, je überreichlicher ich euch liebe, umso weniger geliebt werde“ (2. Kor 12,15).

„Diese Dinge“

In den Versen 5 bis 7 von 2. Petrus 1 stellt der Apostel, so haben wir es gesehen, die Merkmale eines Lebens im Glauben vor. Sieben Charakterzüge sind es, die aus dem Glauben an Christus erwachsen oder die wir „in unserem Glauben darreichen“ sollen: Tugend (oder geistliche Entschiedenheit), Erkenntnis, Enthaltsamkeit (oder Selbstbeherrschung), Ausharren, Gottseligkeit, Bruderliebe und Liebe. Das sind also die Dinge, die zu verwirklichen wir „allen Fleiß anwenden“ sollen.

Als diese sieben Früchte des göttlichen Lebens im Einzelnen vor uns standen, mögen wir wohl mehr als einmal beschämt das Haupt vor unserem Herrn gebeugt haben: „Ach, guter Herr, wie wenig offenbaren wir doch davon!“ Tatsächlich bieten uns diese Verse reichlich Gelegenheit zur Selbstprüfung und zum Selbstgericht. Wir sollten sie nutzen, Geliebte! Dennoch will der Herr uns nicht entmutigen. Vielmehr gibt Er uns in den folgenden Versen einige ausdrückliche Ermutigungen, und wir empfinden sehr, dass wir sie nötig haben.

Die genannten Charakterzüge sind dem heiligen Schreiber so wichtig, dass er ab dem achten Vers unter dem Ausdruck ›diese Dinge‹ nicht weniger als fünfmal auf sie zurückkommt (Verse 8.9.10.12.15). Wir können also ihre Wichtigkeit kaum überschätzen. Auch wird es uns nicht überraschen, dass er nun die Frage beleuchtet, zu welchen *Ergebnissen* es jeweils führt, wenn man diese Dinge hat oder wenn man sie nicht hat. In jedem Fall *hat* es Ergebnisse oder Folgen, und das ist der Punkt, um den es jetzt geht.

Wenn ›diese Dinge‹ vorhanden sind

Mit einem ›denn‹ führt Petrus den bisherigen Gedankengang fort:

> *„Denn wenn diese Dinge bei euch vorhanden sind und zunehmen, so stellen sie euch nicht träge noch fruchtleer hin in Bezug auf die Erkenntnis unseres Herrn Jesus Christus“ (Vers 8).*

Es fällt uns auf, dass er hier erneut von der **Erkenntnis** unseres Herrn Jesus Christus spricht. Damit also stehen die Aussagen dieses Verses in Beziehung: mit der Erkenntnis unseres Herrn, das heißt mit dem Erkennen Seiner Person. Alles läuft darauf hinaus. In Vers 2 begann er damit: *„in* der Erkenntnis“ wird die Vermehrung von Gnade und Friede gefunden. Sie ist auch das Mittel, das Gott benutzt, um uns alles zum

Leben und zur Gottseligkeit Notwendige zu schenken: „*durch* die Erkenntnis“ (Vers 3). Dann gehört die Erkenntnis auch zu den Früchten des neuen Lebens (Vers 5). Und hier nun im achten Vers mündet schließlich alles wieder in die Erkenntnis unseres Herrn Jesus Christus: „in Bezug auf die“ oder „*zu* der Erkenntnis“. Die letzte Wiedergabe scheint den Gedanken am besten zu treffen: nicht träge noch fruchtleer „*zu* der“ oder „*für* die Erkenntnis“. So ist die Erkenntnis des Herrn der *Anfang*, die *Fortsetzung* und das *Ziel* des christlichen Lebens. Paulus drückt dieses Ziel so aus: „... um ihn zu erkennen und die Kraft seiner Auferstehung und die Gemeinschaft seiner Leiden“ (Phil 3,10). Für den Christen ist alles Glück und jeder Segen mit der Erkenntnis seines Herrn verbunden. Ohne sie gibt es weder Wachstum noch Frucht für Gott.

Wir müssen hierbei zweierlei bedenken. Zuerst dies: Nur wenn diese Dinge bei uns vorhanden sind, und zwar in wachsendem Maß, können wir unbeschadet durch eine Welt gehen, in der Satan Gott und Fürst ist, und wo einerseits Verlockungen, andererseits nackte Opposition sich darin vereinigen, uns träge und fruchtleer zu machen im Blick auf die Erkenntnis Jesu Christi, unseres Herrn. Dann aber müssen wir – und das ist der zweite Gesichtspunkt – beständig den Herrn Jesus vor Augen haben und in Gemeinschaft mit Ihm vorangehen. Wenn wir in Seiner Gemeinschaft täglich von Ihm lernen, können wir unmöglich träge noch fruchtleer sein, was das Erkennen Seiner gesegneten Person angeht. Einerseits finden wir, wie wir gesehen haben, in der Erkenntnis Gottes und Jesu Christi, unseres Herrn, praktische Kraft (Verse 2.3). Andererseits aber werden wir, wenn diese Dinge bei uns vorhanden sind, auch wieder tiefer in die Erkenntnis Christi eingeführt. Deswegen heißt es hier: „nicht träge noch fruchtleer *zu der* (oder: *für die* oder: *hinsichtlich der*) Erkenntnis unseres Herrn." Dieselbe Blickrichtung haben wir auch in Kolosser 3, wenn dort von dem neuen Menschen gesagt wird, er werde erneuert *zur Erkenntnis* nach dem Bild Dessen, der ihn erschaffen hat (Vers 10).

Das Ziel allen Handelns Gottes mit uns ist, uns mehr mit Christus bekannt zu machen. Petrus wusste, dass alles, was nicht zu einer tieferen Erkenntnis des Herrn Jesus führt, nur Verlust für den Gläubigen bedeutet. In dem Maß, wie wir mit Christus vertraut sind, werden wir sittlich dazu befähigt, durch diese Welt zu gehen.

Und noch eben ein Wort zu *träge* und *fruchtleer!* Gewiss will Gott keine trägen Arbeiter haben („Geh hin zur Ameise, du Fauler", Spr 6,6); und wenn Er uns zu Reben am Weinstock gemacht hat, dann deshalb, damit wir Frucht bringen. Wie der Herr gesagt hat: „Hierin wird mein Vater verherrlicht, dass ihr viel Frucht bringt“ (Joh 15, 8). Aber das Urteil darüber, ob jemand Frucht bringt oder träge und fruchtleer ist, steht allein *Ihm* zu. Das ist sehr tröstlich. Als die Ägypter den Israeliten das Stroh zum Ziegelbrennen vorenthielten und ihnen einen noch schwereren Dienst auferlegten, damit sie von dem Gedanken abkämen, dem Gott Israels in der Wüste ein Fest zu machen, da mussten die Kinder Israel aus dem Mund des Pharao die Worte hören: „Ihr seid träge, träge seid ihr! Darum sprecht ihr: Wir wollen hinziehen, wir wollen Jehova (Jahwe) opfern“ (2. Mo 5, 17). Und wenn Maria die kostbare Narde über ihren Herrn ausgoss, so fanden sich selbst unter den Nachfolgern Jesu solche, die das für „Vergeudung“ hielten (Mt 26, 8).

Die Welt versteht nichts von dem Wert wahrer Anbetung, und es ist beschämend, dass auch ungeistliche Christen in der Regel kein Licht darüber haben und die Beschäftigung mit der Person Christi als nebensächlich, als vertane Zeit ansehen. Jedenfalls muss man aus ihrem Verhalten gerade diesen Schluss ziehen. Aber der Gläubige, der in den Wegen und in der Erkenntnis des Herrn Fortschritte macht, ist in den Augen Gottes weder träge noch fruchtleer. Und am Tag Christi wird einmal die Treue – nicht der Erfolg – belohnt werden (2. Tim 2, 5; Lk 19, 17).

Wenn ›diese Dinge‹ fehlen

„Denn bei welchem diese Dinge nicht vorhanden sind, der ist blind, kurzsichtig und hat die Reinigung von seinen früheren Sünden vergessen“ (2. Pet 1, 9).

Als der Apostel vom positiven Fall sprach (›diese Dinge‹ *sind* vorhanden), benutzte er die Mehrzahl: „bei euch“. Aber jetzt beim negativen Fall (›diese Dinge‹ sind *nicht* vorhanden) gebraucht er die Einzahl: „bei welchem“. Auch wechselt er vom persönlichen ›euch‹ zum unpersönlichen ›welchem‹. Beidem können wir entnehmen, dass er jetzt einen *nicht normalen Zustand* eines Gläubigen schildert, der jedoch im Einzelfall durchaus eintreten kann.

Diese Redeweise der Schrift ist in dieser Beziehung sehr ermutigend; denn im Allgemeinen beschreibt sie das, was für einen Christen das *Normale* ist. Der Schreiber dieser Zeilen wurde einmal über Römer 8, Vers 14, gefragt („Denn so viele durch den Geist Gottes geleitet werden, diese sind Söhne Gottes“), wie es sich denn mit denen verhielte, die sich *nicht* durch den Geist leiten lassen: Sieht sie dann Gott *nicht* als Seine Söhne an? Die Antwort bestand in dem eben erwähnten Grundsatz: Gott zeigt für Seine Kinder das auf, was für sie typisch und normal ist. Trotzdem sieht Er sich bisweilen zu unserer Warnung genötigt, das vorzustellen, was krank und anormal ist. In unserem Vers ist gerade das der Fall.

Es ist also möglich, dass ein Kind Gottes nicht in diesen Dingen lebt. Was sind die Folgen? Ehe wir auf diese Frage eingehen, sei noch einmal auf den starken Gegensatz zwischen Vers 8 und Vers 9 hingewiesen. Der Schreiber kennt nur diese beiden Zustände: ›Diese Dinge‹ sind vorhanden, oder sie sind nicht vorhanden. Wir mögen uns fragen: Gibt es denn in der Praxis keinerlei Abstufungen? Natürlich gibt es die. Doch die Schrift beschäftigt uns nicht mit „Grautönen“, mit allen möglichen Zwischenzuständen.

Wir müssen lernen – und das ist wohl der Sinn dieser Darstellungsweise –, dass es in den Dingen Gottes keinen Stillstand gibt: Nicht vorwärts zu gehen bedeutet, Rückschritte zu machen. Nicht zu wachsen bedeutet, abzunehmen. Wir sind in dieser Hinsicht wie der Mond: Entweder nehmen wir zu, oder wir nehmen ab. Dazwischen gibt es nichts

Es ist tatsächlich unmöglich, in diesen Dingen zu leben, ohne entsprechende Früchte zu haben – geradeso wie es nicht möglich ist, in der Sonne zu sein, ohne ihre Strahlen zu reflektieren. Wenn wir sie nicht widerstrahlen, müssen wir die Sonne verlassen haben!

Geistliche Blindheit

Nicht in Gemeinschaft mit dem Herrn den Weg zu gehen führt zu geistlicher *Blindheit*. Stelle solch einem Christen die herrlichen Wahrheiten des Wortes Gottes vor – er sieht sie nicht! Und weil er sie nicht sieht, bleibt sein Herz kalt und unberührt. Es ist schon traurig genug, dass der Gott dieser Welt den Sinn der *Ungläubigen* verblendet hat, damit ihnen nicht ausstrahle der Lichtglanz des Evangeliums der Herrlichkeit des Christus, der das Bild Gottes ist (2. Kor 4,4). Doch wie viel trauriger ist es, dass ein gläubiges Kind Gottes, das grundsätzlich „sehen" kann (Vers 6), für die Herrlichkeit der Person des Herrn und für die Wahrheit Gottes keinen Blick hat!

Vielleicht ist noch in gewissem Maß ein verstandesmäßiges Erfassen der göttlichen Wahrheiten vorhanden, aber das Herz begreift nicht wirklich ihre Schönheit und Kostbarkeit.

Nun ist es, um die unermesslichen Segnungen des Christentums erfassen zu können, ohnehin nötig, dass der Geist Gottes die Augen unseres Herzens erleuchtet (Eph 1,18). Das bleibt immer wahr und gilt für jedes Kind Gottes. Hier aber ist von einer Blindheit die Rede, die das Ergebnis einer weltlichen Gesinnung ist. Wir haben bereits bei früherer Gelegenheit gesehen, dass Gott dem kein Licht schenkt, der nicht gewillt ist, darin zu wandeln.

Gerade das Alte Testament bietet uns manch ernstes Beispiel zu unserem Gegenstand. War nicht David, nachdem er mit Bathseba gefallen war, blind über sich selbst und über die Wahrheit Gottes? Erst als der Prophet Nathan ihm auf den Kopf zusagte: „*Du* bist der Mann!“, verstand, „sah“ er, dass er selbst gemeint war (2. Sam 12,7). Und war Bileam zu all seiner Torheit nicht auch blind? Er sah weniger als die Eselin, auf der er ritt (4. Mo 22,23). Simson gab sich der Fleischeslust hin, und er verlor nicht nur seine Kraft, sondern auch sein Augenlicht. Die Philister stachen ihm die Augen aus. Er *wusste nicht,* dass Jehova (Jahwe) von ihm gewichen war (Ri 16,20.21). Später in der Geschichte Israels muss Gott über Sein abtrünniges Volk klagen: „Ephraim vermischt sich mit den Völkern; Ephraim ist wie ein Kuchen geworden, der nicht umgewendet ist. Fremde haben seine Kraft verzehrt, und *er weiß es nicht;* auch ist graues Haar auf sein Haupt gesprengt, und *er weiß es nicht* (Hos 7,8.9). Dieses Nichtwissen ist geistliche Blindheit.

Neben „blind“ erwähnt Petrus noch „kurzsichtig“. Meint er damit eine Art Vorstufe der Blindheit, wie es im Natürlichen sein kann? Wahrscheinlich nicht. Die Blindheit dessen, bei dem ›diese Dinge‹ nicht vorhanden sind, erklärt sich vielmehr aus seiner Kurzsichtigkeit: Weil er kurzsichtig ist, ist er blind. Diese Deutung wird durch zwei Tatsachen gestützt. Erstens durch die Reihenfolge der Ausdrücke: *blind – kurzsichtig*. Würde er eine zeitliche oder folgerichtige Entwicklung zeigen wollen, müsste er ›kurzsichtig‹ zuerst nennen. Und zweitens lautet der Grundtext unserer Stelle, wörtlich übersetzt, folgendermaßen: „... der ist blind, *kurzsichtig seiend.*“ Der beständige Zustand des Zu-Kurz-Sehens macht die Blindheit aus. Wir werden das im Weiteren bestätigt finden.

Wenn ein Kind Gottes die Gemeinschaft mit Gott vernachlässigt, nimmt die Liebe zur Welt deren Platz im Herzen ein (vgl. 1. Joh 2,15.16). Die aber wirkt wie ein schleichendes Gift und trübt unweigerlich das geistliche Wahrnehmungsvermögen. Die Fähigkeit, in die „Ferne“ zu schauen, kommt abhanden. Stattdessen sinkt der Blick von oben herab nach unten, weg von den entfernten, himmlischen Dingen hin zu den nahen irdischen, weltlichen. Ist man erst einmal so weit gekommen, ist man tatsächlich blind für die himmlischen Dinge. Man sieht sie nicht mehr, weil der Blick „zu kurz“ ist.

Erschütternde Entwicklung! Sie wird im Allgemeinen zuerst dadurch erkennbar, dass man für das Gebet und das Wort Gottes immer weniger Zeit findet. Auch der Besuch der Zusammenkünfte verliert an Bedeutung. Wenn Christus nicht mehr vor dem Herzen steht, verdrängen vermeintliche Pflichten, ja selbst die notwendige Beschäftigung mit den irdischen Belangen Zug um Zug das geistliche Leben, bis Magerkeit die Seele erfüllt. Ach, fragen wir uns doch alle, ob nicht auch unser Blick allzu häufig nach unten, zu sehr in das Nahe, in die irdische Sphäre gerichtet ist! Seien wir versichert: Diese Blickrichtung wird uns nie zum wahren Glück führen. Gewiss müssen wir unseren irdischen Verpflichtungen nachkommen. Das ist nicht der Punkt, um den es hier geht. Es ist ganz eine Frage des *Herzens:* Wohin blicken *dessen* Augen? Selbst bei starker Inanspruchnahme durch irdische Pflichten kann der Blick doch glaubensvoll nach oben zum Herrn gehen. Er wird ihn nicht unbeantwortet lassen und tiefes Glück ins Herz senken. Und ist es nicht ein unermessliches Vorrecht, „weit“ schauen zu können? Dass es allein das Wort Gottes ist, das uns diesen Blick in der Kraft des Heiligen Geistes gewährt, sei mehr am Rande erwähnt.

Ein folgenschweres „Vergessen“

Mit dem Verlust des geistlichen Sehvermögens („der ist blind, kurzsichtig“) geht der Verlust des geistlichen Erinnerungsvermögens einher: „und hat die Reinigung von seinen früheren Sünden vergessen.“

Was ist damit gemeint? Sicherlich nicht, dass dieser Christ, wie oft angenommen wird, sich nicht mehr seiner Errettung sicher ist und die Heilsgewissheit, deren er sich bis dahin erfreute, verloren hat. Denn *was* hat er vergessen? Dass seine früheren Sünden weggetan, *vergeben* worden sind? Nein, durchaus nicht. Er hat vergessen, dass er – weg von seinen früheren Sünden – *gereinigt* worden ist, weg von seinen alten Gewohnheiten, weg von der Lebensart in seinen unbekehrten Tagen.

Weil sein Geist ganz durch die ihn umgebenden sichtbaren Dinge in Anspruch genommen ist, hat er das Bewusstsein darüber, dass das Christentum eine heilige, himmlische Sache ist, verloren. Und so hat er die wahre christliche Stellung der Reinheit aus den Augen verloren und sieht nicht mehr die grundlegenden Unterschiede zu dem Wesen und den Wegen der Welt. Sieht man diese Unterschiede nicht mehr, ist der nächste Schritt – der Schritt zurück zur Welt – nicht fern. Alles Abweichen von den Wegen Gottes endet in der einen oder anderen Form in der Welt. Nach und nach verringert man den Maßstab, bis man schließlich auf den Stand der Welt herabsinkt, auf ihre Wege und Grundsätze. Solch einem Christen ist praktisch die ganze Wahrheit entglitten.

Können wir hier nicht an Lot, den Neffen Abrahams, denken? Er ist das warnende Abbild eines verweltlichten Christen. Sein Herz zog ihn nicht nach Kanaan, sondern nach Sodom, wie böse die Stadt auch war. Und so trat auch bei ihm das Verhängnisvolle ein: Er sah nicht die Unterschiede zwischen Kanaan und Sodom, zwischen dem „Garten Jehovas (Jahwes)“ und dem „Land Ägypten“ (1. Mo 13, 10). Irgendwann folgt man dann seinem Herzen. Auch Lot tat es: Zuerst schlug er seine Zelte auf „bis nach Sodom“ (Vers 12). Daraufhin „wohnte“ er in dieser gottlosen Stadt (Kap. 14, 12), um schließlich sogar als Richter in ihrem „Tor zu sitzen“ (Kap. 19, 1). Diese drei Stufen markieren seinen unseligen Weg abwärts. Der letzte Blick, den uns der historische Bericht der Schrift von Lot bietet, zeigt ihn uns in einem entwürdigenden Zustand, der jeder Beschreibung spottet (Kap. 19, 30*ff*). Aber es begann damit, dass er „seine Augen aufhob und die ganze Ebene des Jordan sah, dass sie ganz bewässert war“ (Kap. 13, 10). Auch sein Blick war – zu „kurz“.

Wird ein Christ von einer weltlichen Gesinnung geleitet, und gibt er infolgedessen seine Stellung der Reinheit in praktischer Hinsicht auf, so verliert er die Freude an dem Frieden mit Gott. Sein eigenes Herz verurteilt ihn. – Da wir ja anhand des Abschnittes aus 2. Petrus 1 immer wieder eine Antwort auf die Frage suchen, wie man als Christ glücklich leben kann, müssen wir an dieser Stelle sagen: Auf diese Weise nicht! Eine weltliche Gesinnung – das zeigt uns unser Vers – macht blind und raubt die Freude und den Frieden Gottes. Denken wir jedoch andererseits daran, was Gott für uns in der Erlösung getan und wie Er uns aus dem gegenwärtigen bösen Zeitlauf für Sich herausgenommen hat, dann werden wir Ihm dankbar anhängen und Ihm unser Leben in Reinheit und Gottseligkeit widmen. Je mehr wir uns daran erinnern, von welch sittlichem Verderben Er uns errettet hat, desto dankbarer werden wir Ihm dafür sein, dass wir nun in ›diesen Dingen‹ leben dürfen.

Was wir „fest machen" sollen

Aber dann müssen wir noch etwas „fest machen", wie der Apostel Petrus uns nun ermahnt. Mit dieser Ermahnung verbindet er in Vers 10 und 11 zwei weitere positive Ermutigungen. In Vers 8 fanden wir die erste: Wenn ›diese Dinge‹ bei uns vorhanden sind, werden sie uns zu einer tieferen Erkenntnis unseres Herrn Jesus Christus führen. Doch nun fügt er hinzu:

> *„Darum, Brüder, befleißigt euch umso mehr, eure Berufung und Erwählung fest zu machen; denn wenn ihr diese Dinge tut, so werdet ihr niemals straucheln" (Vers 10).*

Petrus gebraucht hier die Anrede ›Brüder‹. Das gibt den mahnenden Worten größeres Gewicht, und das umso mehr, als dies überhaupt das einzige Mal ist, dass er in seinen Briefen die Empfänger so anredet. Zudem verbindet er sich durch diese Anrede mit seinen Lesern; mehr als ein ›Bruder‹ kann man nun einmal nicht sein: „Ihr alle aber seid Brüder“ (Mt 23,8). Glückliches Teil, zu den ›Brüdern‹ zu gehören! Was immer wir *nicht* sind, zum Beispiel „Apostel Jesu Christi“ – Brüder *sind* wir.

Zum zweiten Mal spricht Petrus vom *Fleiß*. Wenn er seine erste Ermahnung in den Versen 5–7 und seine zweite Ermahnung in Vers 10 so einleitet, verwendet er nachfolgend stets nur abstrakte Begriffe. Das zeigt, dass er in erster Linie nicht an äußere Werke denkt. Wir sollen Fleiß anwenden, um sittliche Tugenden zu erstreben. Hier nun geht es darum, unsere Berufung und Erwählung fest zu machen. Diese Aussage hat schon manche Kinder Gottes verunsichert. Was können *wir*, so fragen sie, im Blick auf unsere Berufung und Erwählung tun, um sie sicherer zu machen? Was geschieht, wenn wir am Ende darin versagen? Können wir trotz allem verloren gehen?

Beginnen wir mit dem Ausdruck ›fest zu machen‹; denn ein gut Teil der Antwort liegt bereits darin begründet. Dieser Infinitiv (Nennform) steht im Griechischen in einer Form (Medium Präsens), die zweierlei ausdrückt: Die Leser sollen diese Sache *für sich selbst* und sie sollen sie *beständig* tun. Die anhaltende Bemühung, unsere Berufung und Erwählung fest zu machen, geschieht also im Blick auf *uns selbst* und, so können wir hinzufügen, auf *andere*. Es ist *unsere,* die menschliche Seite. Was Gott und *Seine* Berufung und Erwählung angeht, brauchen wir nichts fest zu machen. Vor Ihm und in sich selbst ist alles sicher, weil es Seinem eigenen Herzen der Liebe entspringt, und weil Er Wege ersonnen hat, die Dinge auf eine ewig sichere Grundlage zu stellen.

Damit sind wir bereits bei einem zweiten Punkt. Es heißt: *eure* Berufung und Erwählung, nicht: *Gottes* Berufung und Erwählung. Nicht, dass das grundverschiedene Dinge sind, aber es sind zwei unterschiedliche Blickrichtungen von ein und derselben Sache. Es ist wahr – und Sein Name sei dafür gepriesen! –, dass Gott uns berufen und auserwählt hat. Wir kommen sogleich noch einmal darauf zurück. Aber Petrus – oder sagen wir besser: Gott – gibt sich mit dieser Seite nicht zufrieden. Er möchte, dass wir uns dieser Tatsache *bewusst* sind und uns ihrer *erfreuen*. Auch Außenstehende sollen es an uns wahrnehmen, dass wir auf so wunderbare Weise von Gott berufen worden sind. Und wie kann das „Festmachen“ geschehen? Dadurch, dass wir *›diese Dinge‹ tun* und in dem Weg wandeln, den der Heilige Geist durch die Feder des Petrus so wunderbar beschrieben hat. So wird uns unsere Berufung und Hoffnung teurer und die Herrlichkeit anziehender. Und die entfernten, himmlischen Dinge rücken näher heran, werden klarer – im Gegensatz zu dem, der blind und kurzsichtig wurde und selbst das vergaß, was er bei seiner Bekehrung gelernt hatte.

Ein dritter Punkt bestätigt das Gesagte. Er betrifft die *Reihenfolge* der Begriffe: Berufung – Erwählung. Es ist augenfällig, dass dies *unsere* Seite ist, denn sie entspricht ganz unserer Erfahrung. Zuerst haben wir unsere *Berufung* durch Gott erlebt, und erst später erfuhren wir dann, dass Gott uns in Christus schon vor Grundlegung der Welt *auserwählt* hat (Eph 1,4). Deswegen ist die Reihenfolge, wenn es um die Seite *Gottes* geht, eine umgekehrte: Auserwählung (oder auch Zuvorbestimmung) – Berufung. Unsere Auserwählung ist ein Akt der souveränen Gnade Gottes. Sie fand statt, als die Welt noch nicht ins Dasein gerufen war. Unsere Berufung aus der Finsternis zu Seinem wunderbaren Licht jedoch geschah in dieser Zeit (1. Pet 2,9; Röm 8,29.30). So ist, wenn diese Seite vor uns ist, alles sicher – so sicher, dass die goldene Kette in Römer 8 mit den Worten endet: „diese hat er auch verherrlicht“.

Nun folgt die köstliche Zusicherung: „Denn wenn ihr diese Dinge tut, *so werdet ihr niemals straucheln.*“

Welch eine Ermutigung liegt hierin! Gott bewahrt uns (Jud 24), bewahrt uns auf diesem Weg und auf diese Weise. Lasst uns nur zusehen, dass wir in den Dingen leben, die uns in den Versen 5–7 vorgestellt wurden: dass wir Fortschritte in dem „Darreichen" der einzelnen Charakterzüge machen! Dann werden auch wir das dreifache Behüten Gottes erfahren, von dem der Psalmist im 121. Psalm redet: das Behüten vor allem Übel, das Behüten unserer Seele und das Behüten unseres Ausgangs und Eingangs – „von nun an bis in Ewigkeit".

Der Eingang in das ewige Reich

Tatsächlich wird unser Blick mit dem die Einleitung des Briefes abschließenden elften Vers in die Ewigkeit gelenkt:

> *„Denn so wird euch reichlich dargereicht werden der Eingang in das ewige Reich unseres Herrn und Heilandes Jesus Christus" (Vers 11).*

Das Wort ›darreichen‹ ist dasselbe wie in Vers 5: Wenn *wir* ›diese Dinge‹ „darreichen", und wenn sie reichlich oder zunehmend bei uns vorhanden sind, dann „reicht" auch *Gott* etwas „reichlich dar": den Eingang in das ewige Reich unseres Herrn und Heilandes Jesus Christus. Das zeigt: Es wird einen entsprechenden Lohn dort geben für jeden treuen Schritt in den Wegen Gottes hier. Welch einen Wert erhält dadurch unser Leben auf diesem irdischen Schauplatz! Wie sollte es uns veranlassen, mehr für Gott zu leben zu Seinem Wohlgefallen! Die Antwort Gottes wird eine ewige sein.

Petrus spricht vom *Reich,* nicht von der Versammlung oder der Familie Gottes. In diesen hat Gott in Seiner Gnade jedem der Seinen einen gleichwertigen Platz gegeben, und Petrus könnte nicht in gleicher Weise von einem reichlichen Eingang in das Haus des Vaters reden. Im Haus des Vaters sind wir alle „nur“ *Kinder*. Man kann nicht weniger oder mehr Kind sein. Entweder man ist es, oder man ist es nicht.

Anders verhält es sich mit dem Reich. Dort wird es Unterschiede geben entsprechend der Treue, die hier gegen Seinen Namen bewiesen wurde. Und wie uns die *Gnade* Gottes einen gemeinsamen Platz in der himmlischen Herrlichkeit geben wird, so wird uns die *Regierung* Gottes einen unterschiedlichen, einen gerechten und infolgedessen einen ungleichen Platz im Reich des Herrn gewähren.

Insofern müssen wir unterscheiden zwischen dem, was allein die Frucht des Werkes Christi, und dem, was in gewisser Weise auch die Frucht unseres eigenen Werkes ist. Doch wie groß die Titel und Würden im Reich auch sein werden, in Verbindung mit dem Vater und unseren Beziehungen zu Ihm als solchem kommen sie nicht in Betracht. Dass wir Kinder der göttlichen Familie, dass wir Glieder des Leibes Christi sein und zur himmlischen Braut des Herrn Jesus gehören dürfen, ist reine Gnade und nicht in irgendeiner Weise das Ergebnis unseres Ringens, unserer Treue. Dies ist ohne Frage die höhere Seite.

Dennoch wird es sehr kostbare Dinge geben, die durchaus eine Antwort auf erwiesene Treue darstellen. Der *weiße Stein* mit dem neuen Namen darauf, den niemand kennt als nur der, der ihn empfängt (Off 2,17), ist das Zeugnis der Billigung des Herrn, und er redet von verborgener Gemeinschaft des Herzens mit Ihm. Aber dieser Stein hängt offensichtlich davon ab, dass Er etwas bei uns findet, was Er loben kann. So müssen die Kronen, die man dort trägt, hier erworben werden. Daher wird unsere Stellung im ewigen Reich unseres Herrn durch das Maß unserer Einsmachung mit Ihm und Seinen Interessen hier bestimmt werden.

Dieses *ewige Reich* hat nichts Vorübergehendes an sich, es ist nicht das Tausendjährige Reich, so gesegnet dies auch sein wird. Das Aufgeben des letzteren nach 1. Korinther 15, Vers 24, berührt in keiner Weise das ewige Reich, von dem hier gesprochen wird. Wir finden diese ewige Seite des Reiches auch in Offenbarung 22, wo von Seinen Knechten gesagt wird: „Und sie werden herrschen von Ewigkeit zu Ewigkeit“ (Vers 5). Es wird also ein unveränderliches Reich geben, worüber nichts Weiteres offenbart ist. Dies aber wissen wir: Unser Herr Jesus Christus wird auf ewig dessen Mittelpunkt sein, und – es gibt für uns einen *Eingang* in dieses Reich.

Unter ›Eingang‹ müssen wir uns nicht nur eine Tür oder Pforte vorstellen, durch die man hindurchgeht. Es handelt sich vielmehr um die Handlung des *Eingehens* oder des *Eintretens* selbst. Und wann dürfen wir eingehen in das ewige Reich unseres Herrn? Wenn wir heimgehen, oder wenn Er kommt, um uns durch die Entrückung oder Auferstehung zu Sich zu nehmen?

Es scheint mir, dass mit dem Eingang (oder dem Eingehen) in das ewige Reich weder unser Heimgehen noch unsere Auferstehung direkt gemeint ist. Natürlich treten wir in dem einen wie dem anderen Fall in die unmittelbare Nähe des Herrn ein und damit auch in jenen Bereich, über den Er für ewig die Kontrolle hat und den wir auch nie wieder verlassen werden. Doch der Schreiber denkt offenbar an die jetzige Zeit und sagt: „Wenn ihr ›diese Dinge‹ tut und darin lebt, dann wird euch auf diese Weise schon hier das Eingehen in das ewige Reich unseres Herrn reichlich gewährt werden." Das will sagen: Der Gläubige, der mit Gott wandelt, wird befähigt, in weitem Maß die zukünftige Herrlichkeit des Reiches vorwegzunehmen und sich schon heute daran zu erfreuen. Er weiß sich auf dem Weg dorthin, und sein Herz blickt in die Ferne und ist in Übereinstimmung mit dem, was es dort erwartet. Gott hat gegen solch einen Christen nichts einzuwenden, vielmehr öffnet Er ihm in Seinen Regierungswegen weit den Eingang, den Eintritt in diesen wunderbaren Bereich.

Welch ein gesegnetes Teil, liebe Freunde! Wollen wir es uns durch Weltliebe und Eigensinn rauben lassen? Seien wir versichert: Es kommt einmal der Augenblick, an dem wir es tief empfinden und sagen werden: „Ach, dass ich doch mehr für Christus, meinen Heiland, gelebt hätte, anstatt so weltförmig, so kalt, so oberflächlich, so halbherzig zu sein!"

Und noch einmal: Die Antwort Gottes auf jetzt erwiesene Treue wird eine ewige sein.

Aufwecken der Gesinnung – durch Erinnerung

Der Apostel Petrus legt zu Beginn seines zweiten Briefes großes Gewicht auf den Ausdruck ›diese Dinge‹. In den ersten fünfzehn Versen verwendet er ihn im Ganzen fünfmal. Was er damit meint, beschreibt er in den Versen 5 bis 7. Es sind jene sieben Stücke, die uns bereits beschäftigt haben und die das christliche Glaubensleben als solches ausmachen. Nachdem er sie entfaltet hat, kommt er bereits in den direkt darauf folgenden Versen 8, 9 und 10 dreimal auf sie zurück. Und wir haben gesehen: Wenn man als Christ glücklich leben will, müssen sie „vorhanden sein" und „zunehmen", muss man sie „tun".

Nun verfolgt der Schreiber diesen Gedanken weiter und kommt ein viertes Mal auf ›diese Dinge‹ zu sprechen:

> *„Deshalb will ich Sorge tragen, euch immer an diese Dinge zu erinnern, obwohl ihr sie wisst und in der gegenwärtigen Wahrheit befestigt seid"* (Vers 12).

Es ist ihm sehr daran gelegen, die Gläubigen an die großen christlichen Wahrheiten zu erinnern, obwohl sie mit ihnen vertraut waren. Nicht weniger als dreimal spricht er in diesen Versen von dieser *Erinnerung:* „euch ... zu erinnern“ – „euch durch Erinnerung aufzuwecken“ – „euch diese Dinge ins Gedächtnis zu rufen“. Später charakterisiert er damit sogar seine *beiden* Briefe: „in welchen beiden ich durch Erinnerung eure lautere Gesinnung aufwecke“ (Kap. 3,1). Er beabsichtigt keineswegs, ihnen irgendetwas Neues vorzustellen. Nein, er will sie an das erinnern, was sie schon kannten, worin sie befestigt waren als etwas, was sie von Gott empfangen hatten.

Im Allgemeinen halten wir solch eine wiederholte Erinnerung an bekannte Dinge nicht für sonderlich wichtig oder wünschenswert. Aber wir irren hierin. Paulus bemerkt gegenüber den Philippern: „Euch dasselbe (wörtlich: dieselben Dinge) zu schreiben, ist mir nicht lästig, für euch aber ist es sicher“ (Phil 3,1). Das will sagen, die Wiederholung in dem, was er ihnen schrieb, diente zu ihrer Sicherheit. Als der Herr Jesus auferstanden war, suchten Ihn Seine Jünger am falschen Ort: unter den Toten. Wie war das möglich? Sie hatten die Worte ihres Herrn vergessen und mussten sich von den beiden Engeln sagen lassen: *„Erinnert euch,* wie er zu euch geredet hat, als er noch in Galiläa war ...“ (Lk 24,6). Und dann heißt es: „Und sie *erinnerten sich* an seine Worte.“ Später erinnert der Herr sie selbst an das, was Er ihnen bei früherer Gelegenheit gesagt hatte: „Dies sind meine Worte, die ich zu euch redete, als ich noch bei euch war …“ (Vers 44).

Wir verlieren unendlich viel – durch Vergessen. Deswegen ist die Erinnerung an einmal Gekanntes so wichtig. Wie die eben genannten Stellen deutlich machen, geschieht diese Erinnerung durch die ursprünglich gesprochenen Worte. Wir können allgemein auch sagen: durch das Wort Gottes. Das Wort, durch das wir die Wahrheit empfangen haben, ist auch das Mittel, durch das wir immer wieder neu an sie erinnert werden. Es gibt keine andere göttliche Autorität dazu. Deshalb lag es dem Apostel Petrus so sehr am Herzen, ihnen nicht etwas Neues zu schreiben, sondern sie an das Wort der Wahrheit zu erinnern, das sie bereits empfangen hatten.

Wenn wir von ›Vergessen‹ sprechen, so müssen wir darunter nicht einfach ein schlechtes Erinnerungsvermögen verstehen. Das Vergessen einmal gekannter Wahrheiten hat vielmehr tiefere, sittliche Ursachen. Wir haben das in unserem Kapitel bereits gesehen, als der Apostel von einem Vergessen der Reinigung von früheren Sünden sprach (Vers 9). Auch den gläubigen Hebräern musste vorgehalten werden, sie hätten die Ermahnung vergessen, die zu ihnen als zu Söhnen sprach (Heb 12,5). Und was die Gläubigen in Galatien angeht, so konnte sich der Apostel Paulus nur wundern, dass sie so schnell bereit waren, fundamentale Grundsätze des Evangeliums aufzugeben (Gal 1,6*ff*).

Was einem nicht sonderlich wertvoll erscheint, das vergisst man auch schnell. Das ist der Punkt, um den es geht. Aus alledem lernen wir, wie nötig wir es haben, immer wieder in unserer Gesinnung aufgeweckt und an die Wahrheit erinnert zu werden, damit sie uns wertvoll bleibt oder es wieder wird.

Petrus spricht von der „gegenwärtigen Wahrheit". Was meint er damit? Sicherlich die *christliche* Wahrheit, im Unterschied zu dem, was früher unter dem Alten Bund offenbart war. Natürlich ist die ganze Bibel das Wort Gottes, und auch alles, was „zuvor geschrieben worden ist, ist zu unserer Belehrung geschrieben" (Röm 15,4). Könnten wir zum Beispiel je die sittlichen Unterweisungen des Alten Testaments entbehren? Oder die Vorbilder? Oder die Prophezeiungen? Zu jeder Zeit oder Epoche gab es eine „gegenwärtige Wahrheit", und wir sollten sie wertschätzen und Nutzen daraus für uns ziehen. Aber es bestand und besteht immer die Gefahr, die typisch christlichen Segnungen, die die gegenwärtige Zeit kennzeichnen, aus dem Auge zu verlieren. Erst nachdem Christus in die Welt gekommen war und hier im Leben und im Sterben Gott verherrlicht hatte, konnte es eine vollkommene Offenbarung von Gott geben. Christus ist sie, und im Neuen Testament finden wir sie.

Ob der Apostel auch von uns sagen könnte, dass wir in der gegenwärtigen Wahrheit befestigt sind? Gott will jedenfalls, dass wir die Dinge kennen, die uns von Ihm geschenkt sind (1. Kor 2, 12). Wie könnten wir auch anders glücklich sein?

Doch da ist jemand, der dem ständig entgegenwirkt. Zwar kann uns der Teufel die Segnungen selbst nicht rauben, aber den Genuss daran kann er sehr wohl zerstören. Der Apostel hat das vor Augen, wenn er fortfährt:

> *„Ich halte es aber für recht, solange ich in dieser Hütte bin, euch durch Erinnerung aufzuwecken“*
> *(2. Pet 1, 13).*

Solange er lebte, hielt er es für recht, für seine Pflicht, die Gläubigen durch Erinnerung *aufzuwecken*. Das ist eine interessante Ausdrucksweise. Hatten wir eben das Bild vom Vergessen, so benutzt er jetzt das vom Schlafen. Durch Erinnerung sollen wir *aufgeweckt* werden aus der geistlichen Lethargie (Schläfrigkeit, Trägheit, Teilnahmslosigkeit), in die wir durch den Einfluss Satans und der von ihm beherrschten Welt so leicht geraten. Es ist ein starkes Wort, mit dem in Johannes 6 beschrieben wird, wie sich durch einen starken Wind der See „erhob“ (Vers 18). So haben auch wir manchmal ein Aufgewühlt-Werden nötig.

Gott mag einen „starken Wind“ dazu benutzen, um uns unsere eigentlichen Segnungen wieder in Erinnerung zu rufen. Lassen wir es uns gefallen! Wir werden hinterher reicher sein als vorher (vgl. Heb 12,11).

Das Ablegen der ›Hütte‹

Petrus sieht nicht nur die Gefahren, denen die Kinder Gottes ausgesetzt sind, sondern er ist sich auch bewusst, dass die ihm für seinen Dienst verbleibende Zeit nur noch knapp bemessen ist. Das alles gibt seinen Worten einen drängenden Ernst.

> *„... da ich weiß, dass das Ablegen meiner Hütte bald geschieht, wie auch unser Herr Jesus Christus mir kundgetan hat“ (Vers 14).*

Der Ausdruck ›Ablegen meiner Hütte‹ beeindruckt mich immer wieder. Dem Sprachgebrauch der Schrift an anderer Stelle folgend (2. Kor 5,1.4), sieht Petrus seinen Leib nur als ›Hütte‹ an, als einen vorübergehenden Wohnort für dieses kurze Leben. Er weiß sich jedoch auf dem Weg in die himmlische, ewige Heimat; und wenn der Tod an ihn herantritt, ist es für ihn nur das Ablegen seiner Hütte.

Der Tod braucht für den Gläubigen keinen Schrecken mehr zu haben. Für ihn bedeutet der Tod doch nur das Verlassen dessen, was sterblich ist. Was kann der Tod anderes tun, als uns die Tür in jenen Bereich zu öffnen, wo er keine Macht mehr hat? So können wir schon jetzt triumphierend ausrufen: „Wo ist, o Tod, dein Sieg? Wo ist, o Tod, dein Stachel?“ (1. Kor 15,55). Wie man ein Kleid auszieht, „entkleidet wird“, wie man eine verfallene Hütte verlässt –, so ist der Tod für ein Kind Gottes.

Selbst die Begleitumstände seines Todes ängstigen den Apostel nicht. Dabei ist er sich darüber völlig im Klaren, wie sie sich gestalten werden. Als er noch im Vertrauen auf seine eigene Kraft sein Leben für seinen Meister lassen wollte, hatte dieser ihm geantwortet: „Wohin ich gehe, dahin kannst du mir jetzt nicht folgen; du wirst mir aber später folgen“ (Joh 13,36) – das heißt: in den Tod.

Welcher Art der Tod sein würde, deutete der auferstandene Herr ihm dann am See von Tiberias an mit den Worten: „Als du jünger warst, gürtetest du dich selbst und wandeltest, wohin du wolltest; wenn du aber alt geworden bist, wirst du deine Hände ausstrecken, und ein anderer wird dich gürten und hinbringen, wohin du nicht willst“ (Kap. 21,18). War das nicht ein deutlicher Hinweis auf einen gewaltsamen Tod, auf den Märtyrertod?

Und jetzt *ist* Petrus alt, und er weiß, dass das Ablegen seiner Hütte bald oder plötzlich geschehen wird. „Unser Herr Jesus Christus" – beachten wir den vollen Titel, den er vom Herrn benutzt – hat es ihm ja kundgetan. Die Frage, ob sich das auf die Worte des Herrn am See von Tiberias bezieht oder auf eine weitere, spätere Offenbarung, die uns nicht mitgeteilt ist, entscheidet sich daran, wie man das griechische Wort ›*tachinós*‹ in Vers 14 übersetzt. Tatsächlich bedeutet es beides: ›bald, nahe bevorstehend‹ und auch ›schnell, eilig, plötzlich‹. Es kommt nur zweimal im Neuen Testament vor, und auch das zweite Vorkommen findet sich in unserem Brief, in Kapitel 2, Vers 1. Dort hat es eindeutig die Bedeutung von ›schnell, plötzlich‹: „schnelles Verderben". Spricht das nicht dafür, dass Petrus auch an unserer Stelle nicht nur von seinem *baldigen,* sondern von seinem *plötzlichen, schnellen* Tod spricht, und dass er sich dabei auf die Worte des Herrn bezieht, wie sie uns in Johannes 21 überliefert sind?

Sein Dienst unter den Heiligen würde plötzlich ein Ende finden. Verstehen wir den Ernst, der hinter diesen Worten liegt? Die Empfänger seines Briefes würden die Stimme dieses um das Wohl der Herde besorgten Hirten unversehens nicht mehr vernehmen können. Welch ein Appell an ihre, aber auch an unsere Herzen!

Auf der anderen Seite wird hier auch die wunderbare Gnade des Herrn Jesus sichtbar. Als Sein Diener jünger war, meinte er, in eigener Kraft seinem Meister in den Tod folgen zu können. Doch es endete in seinem völligen Zusammenbruch, in der schrecklichen Verleugnung Dessen, den er doch so liebte. Die beste Gelegenheit, seinen Herrn angesichts des Todes zu verherrlichen, hatte er verpasst. War sie für immer dahin? Es schien so, nachdem Er gekreuzigt und ins Grab gelegt worden war. Doch als dann der Herr auferstanden war, räumte Er in Seiner Güte Seinem Knecht für die Zeit, wann er alt geworden sein würde, in den schon zitierten Worten eine weitere Chance ein. Er sagte ihm gleichsam: „Wenn jener Tag kommt, werde ich dir Gnade geben, Simon, mich gerade in dem Punkt zu verherrlichen, in dem du damals versagt hast. Folge mir nach!"

Nun war dieser Mann alt geworden, war seinem Herrn über Jahrzehnte hin treu nachgefolgt. Auch jetzt stützt er sich für diese letzte, ernste Probe auf die Treue und Gnade Dessen, der ihm diese Gelegenheit, für Ihn zu sterben, noch einmal bieten würde.

Ein wesentlicher Unterschied besteht allerdings zwischen Petrus und uns, so viel wir auch von ihm und seinem Glauben lernen können. Dieser Knecht Gottes besaß einen klaren Ausspruch des Herrn über sich und den Ausgang seines Lebens: Nicht nur würde er alt werden, sondern er sollte Ihn dann auch durch einen besonderen Tod verherrlichen (Joh 21,19). Und so sah Petrus im Vertrauen auf das Wort seines Herrn in all den Jahren seines Dienstes seinem (gewaltsamen) Tod entgegen – in tiefem Frieden.

Wir dagegen warten grundsätzlich nicht auf den Tod. Unsere Hoffnung richtet sich vielmehr auf das Kommen des Herrn Jesus zur Entrückung der Heiligen. Zu uns hat Er nicht von unserem Tod gesprochen, sondern von Seiner Wiederkunft. Natürlich kann der Herr auch heute in einem der Seinen, den Er durch den Tod zu Sich nehmen will, die Gewissheit darüber hervorrufen, dass in seinem Fall *dies* der Weg sein wird. Auch Paulus besaß gegen Ende seines Lebens diese Gewissheit (vgl. Apg 20,29; Phil 2,17; 2.Tim 4,6). Aber das ist doch etwas anderes als das, was wir bei Petrus sehen.

„Nach meinem Abschied“

Noch ein fünftes, letztes Mal kommt der Apostel auf ›diese Dinge‹ zu sprechen, womit er deren Wichtigkeit weiter unterstreicht:

> *„Ich will mich aber befleißigen, dass ihr auch zu jeder Zeit nach meinem Abschied im Stande seid, euch diese Dinge ins Gedächtnis zu rufen“* (2. Pet 1,15).

In Vers 13 spricht er von der Zeit, während der er noch lebt; in Vers 14 von seinem baldigen oder plötzlichen Tod; und nun in Vers 15 weist er auf die Zeit nach seinem Tod hin. Gerade im Blick auf diese Zeit trifft er Vorsorge, um die Gläubigen in den Stand zu setzen, sich diese Dinge auch dann ins Gedächtnis zu rufen. Auf welche Weise tut er das?

Sagen wir zuerst, was er oder wie er es *nicht* tut. Er vertraut sie nicht irgendwelchen Nachfolgern an. Der Gedanke an eine menschliche, apostolische Nachfolge liegt ihm ebenso fern wie dem Apostel Paulus (vgl. Apg 20,29*ff*). Er weist auf niemand hin, der sein Werk nach seinem Tod weiterführen würde. Auch anempfiehlt er sie nicht der Versammlung Gottes, als könnte sie an die Stelle der Apostel treten. Nein, diese Vorsorge trifft er dadurch, dass er diese Briefe schreibt, so dass die Heiligen nach seinem Abschied etwas von ihm vorfänden, das sie an die Unterweisungen, der er ihnen gegeben hatte, erinnerte. Mit anderen Worten: Angesichts seines Todes gründet er den Glauben der Heiligen auf das inspirierte Wort Gottes.

Das ist von außerordentlicher Wichtigkeit. Die Grundlage für unseren Glauben und den Maßstab für unser Leben finden wir nur im geschriebenen Wort Gottes. Ähnlich wie Petrus sah auch Paulus das Ende seines Dienstes vor sich und wusste um das zunehmende Böse. Wem befiehlt er die Heiligen an? „Und nun befehle ich euch *Gott* und dem *Wort* seiner Gnade an, das vermag, aufzuerbauen …“ (Vers 32). Und als dieser Apostel seinen letzten inspirierten Brief kurz vor seinem Märtyrertod verfasste, da wies auch er sein geliebtes Kind, Timotheus, auf die *heiligen Schriften* hin, die allein im Stande sind, weise zu machen zur Errettung durch den Glauben, der in Christus Jesus ist (2.Tim 3,15).

Auch ist es sehr bezeichnend, dass beide Apostel in ihrem jeweils letzten Brief auf der *Inspiration der Heiligen Schrift* bestehen. „Alle Schrift ist von Gott eingegeben“ (2.Tim 3,16). So drückt es Paulus aus angesichts von Lehrern, die die Menschen von der Wahrheit weg- und zu den Fabeln hinführen würden. Petrus sieht ebenfalls falsche Lehrer unter den Heiligen aufstehen (2. Pet 2,1*ff*) und sagt am Ende des ersten Kapitels: „Denn die Weissagung wurde niemals durch den Willen des Menschen hervorgebracht, sondern heilige Menschen Gottes redeten, getrieben vom Heiligen Geist“ (Vers 21).

Beachten wir indes, dass nicht nur die Gedanken von Gott eingegeben sind, sondern auch die einzelnen Worte. Ein Blick nach 1. Korinther 2, Vers 13, macht das noch deutlicher: „… die wir auch verkündigen, nicht in Worten, gelehrt durch menschliche Weisheit, sondern in Worten, gelehrt durch den Geist, mitteilend geistliche Dinge durch geistliche Mittel.“ Das ist die neutestamentliche Beschreibung dessen, was wir „wörtliche Inspiration der Heiligen Schrift“ nennen.

Wenn Petrus von seinem „Abschied“ spricht und damit seinen Tod umschreibt, so benutzt er ein recht interessantes Wort: ›*éxodos*‹. Der Leser wird es sicher schon hier und da als EXIT über Türen oder Ausgängen angetroffen haben: ›Ausgang‹. Dieses Wort verwendet der Evangelist Lukas, wenn er die Szene auf dem Berg der Verklärung beschreibt (Lk 9,31) – eine Szene, auf die auch Petrus nachfolgend anspielt. Mose und Elia „besprachen seinen *Ausgang*, den er in Jerusalem erfüllen sollte“. Und welch ein Ausgang war das! Mose zwar hatte seinen Ausgang nicht völlig erfüllt: Er starb in der Wüste, weil er unbedacht mit seinen Lippen geredet hatte (Ps 106,33); er konnte nicht ins Land eingehen. Auch Elia hatte seinen Lauf nicht ohne Tadel vollendet: Er hatte gewagt, das Volk Gottes anzuklagen (1. Kön 19,10.14; Röm 11,2–4); er musste unverzüglich seinen Nachfolger salben. Aber der Herr Jesus „vollbrachte" das Werk, das der Vater Ihm gegeben hatte (Joh 17,3). Bei Ihm gab es kein Versagen, keinen Schatten. Sein „Ausgang" entsprach völlig den Gedanken Gottes. Und auch Petrus blickt dem Ende ohne Furcht entgegen. Es war für ihn nur das Ablegen seiner Hütte, um ausheimisch von dem Leib und einheimisch bei dem Herrn zu sein (2. Kor 5,8).

Auch wir werden einmal auf diese oder jene Weise unseren „Ausgang" haben. Dass wir doch dann mit dem Apostel Paulus sagen könnten: „Ich habe den guten Kampf gekämpft, ich habe den Lauf vollendet, ich habe den Glauben bewahrt" (2. Tim 4,7)! Alles andere wird bedeutungslos sein.

Nicht Fabeln, sondern göttliche Offenbarung

Der Apostel tut alles, um den Heiligen die sicheren, göttlichen Grundlagen ihres Glaubens aufzuzeigen. Dieser Glaube beruht nicht auf klug erdachten Fabeln, durch die falsche Lehrer schon damals großes Unheil anrichteten (Kap. 2,1*ff*), sondern auf göttlicher Offenbarung. Um das zu untermauern, kommt er nun auf das zu sprechen, was er mit Jakobus und Johannes auf dem Berg der Verklärung erlebt hat – auf Tatsachen, die aus mehrerer Zeugen Mund bezeugt werden konnten. Das ist wohl auch der Grund dafür, dass er jetzt nicht mehr in der Einzahl, sondern in der Mehrzahl spricht.

Auf dem heiligen Berg

„Denn wir haben euch die Macht und Ankunft unseres Herrn Jesus Christus nicht kundgetan, indem wir ausgeklügelten Fabeln folgten, sondern als solche, die da Augenzeugen seiner herrlichen Größe geworden sind. Denn er empfing von Gott, dem Vater, Ehre und Herrlichkeit, als von der prachtvollen Herrlichkeit eine solche Stimme an ihn erging: ‚Die-

> *ser ist mein geliebter Sohn, an dem ich Wohlgefallen gefunden habe.' Und diese Stimme hörten wir vom Himmel her ergehen, als wir mit ihm auf dem heiligen Berg waren" (2. Pet 1, 16–18).*

Es ist keine Fabel, dass Christus wiederkommt, dass Er hier in Macht und Herrlichkeit regieren wird und Seine Heiligen mit Ihm. Nein, es ist eine große Wirklichkeit, deren Licht und Glanz unser Herz auf dem oft mühevollen Weg, den wir gehen, ermutigen soll.

Denn ehe der Herr Jesus damals die drei Jünger auf den heiligen Berg mitnahm, hatte Er ihnen gleichsam gesagt: „Ich werde leiden und verworfen werden, und wer mir nachfolgen will, muss dasselbe erwarten" (vgl. Lk 9, 23–26). Aber dann ließ Er sie das Ende sehen: „Es sind einige von denen, die hier stehen, die den Tod nicht schmecken werden, bis sie das Reich Gottes gesehen haben" (Vers 27). Und so zeigte Er ihnen auf dem Berg der Verklärung ein Bild des Reiches „en miniature", im Kleinen.

Was jene drei Männer auf dem Berg gesehen und gehört haben, war nicht nur die Offenbarung der höchsten Ehren, mit denen der verworfene Christus ausgezeichnet wurde, sondern es war auch ein höchst lehrreiches Vorbild Seiner Herrlichkeit in dem kommenden Reich, wenn alles Leiden und alle Verachtung für immer vorüber sein werden. Deshalb drückt der Apostel den Unterschied zu dem ersten Kommen des Herrn (als Er litt und starb) mit den Worten aus: „Macht und Ankunft (oder: Gegenwart) unseres Herrn Jesus Christus". Dass es sich hier nicht um das Kommen des Herrn zur Entrückung handelt, wird durch die Erwähnung von ›Macht‹ neben ›Ankunft‹ deutlich. Wenn dagegen ›Ankunft‹ allein steht und nicht durch Beifügungen eingeschränkt wird, die auf Macht oder Offenbarung hinweisen, ist in aller Regel die Entrückung gemeint (z. B. 1. Kor 15, 23 im Unterschied zu 1. Joh 2, 28).

Die Szene auf dem Berg der Verklärung darf auch nicht als eine Anspielung auf die Ewigkeit missverstanden werden – denn dann wird Christus das Reich Seinem Gott und Vater übergeben haben (1. Kor 15, 24) –, sondern sie ist ein Bild des Tausendjährigen Reiches, ist eine Prophezeiung sowohl für das Auge als auch für das Ohr des Petrus und derer, die mit ihm dort waren.

Sie zeigt den Sohn des Menschen in Seiner Herrlichkeit, umgeben von Seinen himmlischen Heiligen. Die einen (dargestellt in Mose) sind durch den Tod gegangen und auferweckt worden. Die anderen (dargestellt in Elia) sind entrückt worden, ohne den Tod zu sehen. Zusammen mit Ihm treten sie beide *in* die ›Wolke‹, in die unmittelbare Nähe Gottes, des Vaters, ein. Seine irdischen Heiligen (dargestellt in Petrus,

Jakobus und Johannes) werden *unter* den Strahlen Seiner Herrlichkeit sein – in natürlichen Körpern auf der Erde. Sie werden sich in Reichweite dieser Herrlichkeit befinden, werden davon sehen und hören können, sie selbst jedoch nicht teilen. Dass man in einem natürlichen Körper die himmlische Herrlichkeit nicht ertragen kann, wird auch darin deutlich, dass die drei Jünger von Furcht ergriffen wurden, als Mose und Elia mit dem Herrn in die Wolke eintraten (Lk 9,34).

Aus der „prachtvollen Herrlichkeit" ist die Stimme des Vaters zu hören: „Dieser ist mein geliebter Sohn, an dem ich Wohlgefallen gefunden habe." Gott wird alles unter *ein* Haupt zusammenbringen in dem Christus (Eph 1,10) – in der Person, an der Er solch ein Wohlgefallen gefunden hat.

Wir aber wollen uns an dieser Stelle fragen: Ist Er nicht genug, um auch unsere Herzen mit tiefer Freude, mit unaussprechlichem Glück zu erfüllen? Kann jemand anders einen Platz dort beanspruchen? Seine Liebe und Seine Herrlichkeit gehören uns. Genügt das nicht, um uns völlig glücklich zu machen?

Das prophetische Wort

Von der herrlichen Szene auf dem heiligen Berg, von diesem Ausblick auf das kommende Reich, wendet sich der Apostel ziemlich unvermittelt dem *prophetischen Wort* zu:

> *„Und so besitzen wir das prophetische Wort umso fester, auf das zu achten ihr wohl tut, als auf eine Lampe, die an einem dunklen Ort leuchtet, bis der Tag anbricht und der Morgenstern aufgeht in euren Herzen“ (2. Pet 1,19).*

Warum diese rasche Hinwendung zu diesem neuen Gegenstand? Zwei Gründe scheint es dafür zu geben. Zuerst einmal bestätigte die Verklärung auf dem heiligen Berg die Prophezeiungen des Alten Testaments. Die Propheten hatten von dieser Herrlichkeit und dem Reich geredet, und die wunderbare Szene gab ihren Worten eine zuverlässige Bestätigung. Natürlich waren die Vorhersagen in sich absolut sicher. Aber Gott erschien es in Seiner Weisheit gut, angesichts des schmachvollen Todes Christi die Wahrheit von Seinem zweiten Kommen und Seinem Reich durch die Verklärung zu befestigen. Insofern besitzen wir das prophetische Wort „umso fester“.

Das Licht der ›Lampe‹

Aber dann ist das prophetische Wort auch eine ›Lampe‹, deren Licht man nicht ungestraft vernachlässigt. Und was sehen wir zuerst in diesem Licht? Dass der geliebte Sohn, der König des Reiches, inzwischen *verworfen* sein würde. Ja, die Welt verweigert Ihm die Anerkennung, und die Weissagungen der Heiligen Schrift Alten und Neuen Testaments reden auch von dieser Verwerfung. Mit dieser Seite und ihren Konsequenzen für uns wollen wir uns sogleich näher beschäftigen.

Bei allem soll aber das geschriebene Wort unser Führer sein, nicht die Meinung von Menschen. Deswegen wird angefügt: „... auf das zu achten ihr wohl tut." Wir sollen es nicht nur lesen, sondern uns damit *befassen,* darauf *Acht geben* und uns daran *halten*. Das alles bedeutet das griechische Wort. Gott möchte, dass das prophetische Wort unser Gewissen erreicht und Auswirkungen auf unser Leben hat.

Das verstehen wir besser, wenn wir uns noch einmal den zweifachen *Inhalt* dieses Wortes in Erinnerung rufen. Eine Stelle aus dem ersten Petrusbrief ist dabei recht hilfreich. Dort ist von dem Geist Christi, dem prophetischen Geist, die Rede, durch den die Propheten des Alten Testaments von Christus geweissagt haben. Und wovon zeugten sie? „Von den *Leiden,* die auf Christus kommen sollten, und von den *Herrlichkeiten* danach“ (Kap. 1,11). Das sind die beiden Eckpunkte der Prophetie. Sie gleichen zwei Bergspitzen, die, von fern betrachtet, eng beieinander zu liegen scheinen. Kommt man jedoch näher, entdeckt man, dass sie durch ein weites Tal getrennt sind. Dieses ›Tal‹ ist die gegenwärtige Gnadenzeit. Sie ist nicht Gegenstand der Prophetie des Alten Testaments. Die Propheten, gleichsam aus der Ferne schauend, konnten sie nicht wahrnehmen. Wir dagegen leben in dieser Zeit, und wir blicken zurück auf die eine ›Bergspitze‹ und blicken voraus auf die andere.

Das prophetische Wort zeigt also nicht nur die zukünftige Herrlichkeit Christi im Reich, sondern auch Seine Leiden und die Verwerfung auf der Erde. Es offenbart den Zustand der Welt, enthüllt ihre falsche Religion und bezeichnet ihren Lauf und ihr Ende. Es gleicht einer *Lampe,* und diese ist von großem Wert in der Nacht, die mit der Verwerfung Christi einsetzte. Sie beleuchtet die dunkle Szene; und auch wir tun gut, wenn wir darauf achten. Denn nicht ohne Verlust könnte man ihr Licht gering achten, das sie auf die Welt wirft, die bald gerichtet werden wird.

Die ›Lampe‹ ist für die Nacht, zur Erhellung der geistlichen Finsternis in dieser von Satan, ihrem Fürsten, regierten Welt (Eph 6,12; Joh 12,31). Wir sollten unsere Einschätzung dessen, was die Welt ist, auf das Licht gründen, das uns die ›Lampe‹ des Wortes Gottes darüber gewährt, und nicht auf die hohen Bekenntnisse derer, die an den Fortschritt in der Welt glauben. Und so wird uns dieses Licht auch einen Beweggrund dazu liefern, uns von diesem gottlosen System zu trennen. „Da nun dies alles aufgelöst wird, welche solltet ihr dann sein in heiligem Wandel und Gottseligkeit!" (2. Pet 3,11).

Das Licht des ›Tages‹

Die Prophetie beschäftigt sich zum großen Teil mit der Erde, den Juden, den Nationen, mit all dem Bösen hier, mit dem Kommen des Herrn zum Gericht. Aber das alles ist nicht der eigentliche Gegenstand für unser Herz, ist nicht die typisch christliche Hoffnung. Selbst nicht die Wiederherstellung Israels und die Errichtung des Reiches sind es. Nein, es gibt ein noch höheres Licht, eine bessere Hoffnung, und Petrus spricht auch davon: „... bis der Tag anbricht und der Morgenstern aufgeht in euren Herzen."

Wir müssen nicht denken, dass Petrus damit meint: „bis Christus als Sonne der Gerechtigkeit aufgeht mit Heilung in ihren Flügeln", wie es der letzte Prophet des Alten Testaments ausdrückt (Mal 4,2). Das wird dann allerdings „der Tag des Herrn" sein, aber dieser Tag ist noch nicht gekommen. Gewiss ist es auch bezeichnend, dass an unserer Stelle vor ›Tag‹ kein Artikel steht. Petrus sagt also nicht: „bis der Tag anbricht", sondern: „bis Tag anbricht". Er redet von der Dämmerung, dem Aufgehen des Tages im Herzen. Kinder Gottes sind „von dem Tag", sind „Söhne des Lichts und Söhne des Tages" (1. Thes 5, 4–8).

Weil das so ist, erfüllt sie schon jetzt, was ihre Hoffnung angeht, das Licht des Tages (oder: Tageslicht), ehe der Tag selbst kommt. So wie das durchbrechende Licht des Morgens zuerst die Gipfel der Berge erhellt, ehe es auch ins Tal scheint, so werden auch wir in der Gemeinschaft mit Gott und in Absonderung von der Welt mit dem Licht und der Herrlichkeit des Morgens erfüllt sein, bevor er für diese arme Erde anbricht. Welch eine Freude darf uns schon jetzt erfüllen – eine Freude und ein Glück, wovon die blinde Welt nichts kennt!

Das Licht des ›Morgensterns‹

Aber dann ist da noch das Licht des ›Morgensterns‹ (wörtlich: Lichtspenders, Lichtträgers). Hier spielt Petrus für einen Augenblick auf das Kommen des Herrn Jesus zur Entrückung an. Er sagt gleichsam:

„Prophezeiung ist gut, aber besser noch ist: Der Herr Jesus wird selbst kommen.“ Er selbst ist der Gegenstand für unsere Herzen und Sein Kommen unsere Hoffnung. Wie Er die „Wurzel und das Geschlecht Davids“ für Israel ist, so ist Er auch der „glänzende Morgenstern“ für unsere Herzen (Off 22,16).

Welch ein Licht ruft die Hoffnung Seiner Wiederkunft in uns hervor! Er wird, ehe es Tag wird, als der Morgenstern kommen. Wir sind schon Sein, während es noch Nacht ist, und werden zu Ihm versammelt werden, bevor die Welt Ihn sieht. Sie schläft noch, wir jedoch genießen Ihn schon – kennen Ihn, ehe wir Ihn sehen. Wenn Er als die Sonne aufgeht, werden wir Ihn in Seiner Herrlichkeit sehen, werden sie sogar mit Ihm teilen; aber wir kennen Ihn bereits jetzt – hinter den Wolken.

Wir wissen, dass unser Teil bei Christus droben ist. Und wir wissen auch, dass, bevor Er kommt, um die Welt zu richten, Er für uns kommt, um uns zu Sich in die Herrlichkeit zu nehmen. Wir erwarten kein anderes Ereignis, das noch vorher eintreten müsste, auch nicht ein einziges. Auf nichts anderes warten wir als auf das Kommen unseres guten Herrn. Wenn wir das im Glauben verwirklichen, ist tatsächlich der Morgenstern in unseren Herzen aufgegangen.

Kann uns irgendetwas glücklicher machen als die Hoffnung, Ihn zu sehen, wie Er ist? O, einmal in Seinem Angesicht – das einst so entstellt war, „mehr als der Menschenkinder“ –, zu lesen, wie sehr Er uns geliebt hat! „Herr Jesus, dass du heute noch kämst!“